家庭科3
だった私が

365日、手作り服で暮らしています。

津田蘭子

この本の服だけでコーディネートしてみました

ドロップショルダートップスをアレンジしたリバーシブルジャケット（P67）に、白シャツ（P125）、センタープレスパンツ（P88）を合わせたコーデ。シャツ以外は初心者向き！

縫いやすい綿素材で作った基本のドロップショルダートップス（P39）に、わざと素材を変えて作った巻きスカート（P108）。

ボーダーのニット素材を使って作ったドロップショルダートップス（P54）。インナーに白シャツ（P125）を、ボトムスに細身のテーパードパンツ（P86）を合わせて。

袖を短めに作ったドロップショルダートップス(P56)。ポリエステル素材なのでドレッシーな印象に着こなせる。綿・麻素材の巻きスカート(P95)と合わせて女っぽく。

ドロップショルダートップスとテーパードパンツを、落ち感のあるウール素材を使ってセットアップに（P57、85）。アクセサリーや小物次第でちょっとしたパーティにも着ていける組み合わせ。

シャツをアレンジして、シャツワンピに（P128）。1枚で着てもいいけれど、ホワイトデニムのテーパードパンツ（P73）とレイヤード。ボタンを開けて羽織として使っても。

シロウト洋裁、ついにコート（P141）まで作成！ドロップショルダートップスの応用で作ったシャツ（P115）とテーパードパンツ（P84）に合わせて、これで冬も手作り服で暮らせる。

はじめに

こんにちは。
イラストレーターの津田蘭子です。
そう、私の職業は「洋裁家」ではなくイラストレーター。
小中高の家庭科の授業以外での洋裁経験はゼロの、洋裁シロウトです。
そんな私が、10年ほど前から洋裁の沼にハマり、
もがいたり、沈みかけたりしながらも、
今ではワードローブ１００％手作り服となりました。
カットソーなどのインナーから、シャツやアウター、もちろんボトムスも。
毎日の普段着はもちろんのこと、セレモニーやオケージョンまで自分の服は
すべて手作りしています。
いまだ、スイスイと自在に泳げるというほどではありませんが、
ぷかぷかと浮かぶ程度には、この沼を楽しんでいる今日この頃です。

そんな私の初めての洋裁本
『家庭科３だった私がワードローブ１００％手作り服になりました。』が発売されて、
実際に、「私でも作れた！」という声をたくさんいただき、
服作りの楽しさを共有できたことを嬉しく思っております。
前著では、「とにかく簡単なこと。だけど外に着ていける服！」というコンセプトで、
服作りを始めたいけどなかなか始められない……という方の
背中を押すような本を目指しました。
袖つけのいらないフレンチスリーブや、袖と身頃が一体になったドルマンスリーブは、
初めて服作りをする方でも失敗が少なく、服としての使い勝手も抜群。
でも、そういう簡単な服を作れるようになると、
もう少し難しいことに挑戦したくなりませんか？
私のＳＮＳや出版社に寄せられたコメントでも、
「次は袖のある服の作り方を教えて！」という声が多く聞かれました。
袖なしの服は簡単ですが、袖をつけられるようになれば、
服のバリエーションは一気に増やすことができます。

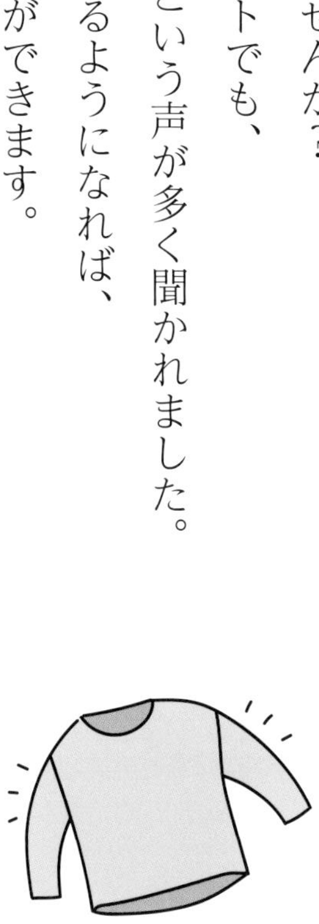

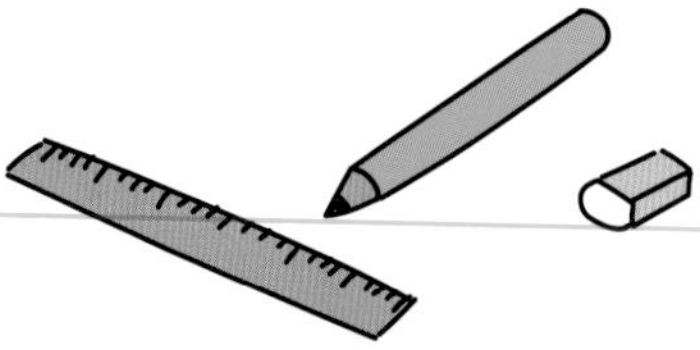

本書では、袖つきのプルオーバーを柱として、前開きのシャツやジャケット、
コートなどのアウターまで作りました。
そのほか、テーパードパンツと巻きスカートといったボトムスの作り方も紹介。
つまりこの1冊で、春夏秋冬、一年中１００％手作り服でのコーデが可能なのです！

ところで、この本を手に取ってくださったあなたは、もうお気づきだと思いますが、
この本には型紙がついていません。
型紙は、あなた自身の手で描いていただきたいのです。
なぜなら、１００％自分サイズの服を作ってほしいから。
私が服を作り始めた頃、
「いつか自分で型紙から作れるようになれたら……」と思っていました。
でもそれって、きっと、服作りをするひとなら誰でも思っていることですよね。
市販の型紙を使わず、ハトロン紙に自分で線を引いていく……まるでパタンナーみたいに！
とはいえ、なにせシロウト。
最初は、とても外には着ていけないようなものもたくさん作りました。

その後、洋裁本を読みあさったり、市販の型紙を見比べて研究したりしながら、
より簡単にできないか試行錯誤して今に至ります。
私の型紙作りは、特殊な道具や難しい計算は必要ありません。いわば工作感覚。
プロのパタンナーとは違うアプローチの型紙作りかもしれませんが、
いいじゃないですか、だってシロウトなんだから。
シロウト型紙ですが、ちゃんと服は作れます。
しかも、けっこう素敵な服が！

あなたのサイズで、あなたの手で描かれた曲線は、
あなたにしか作れない型紙です。
ぜひ、パタンナー気分を味わいながら、
あなただけの一着を作ってください。

本書の特徴は……

作り方は**自己流**です

小中高の家庭科以外での洋裁経験ゼロ。
しかも家庭科3だった私の服作りはかなり自己流です。
できるだけ簡単に、だけど外に着ていける服を作りたい！
をモットーに、私なりの作り方を模索してきました。
専門用語も特殊なテクニックも身につけていない私の、
シロウト洋裁メソッドをご紹介します。
洋裁の専門家から見たら「なんだそりゃ」と思われる
こともあるかもしれませんが、あくまでシロウト。
そのへんはご容赦ください。
とはいえ、今まで着ていて
不都合はありませんので、ご安心を。

アレンジの面白さを紹介します

本書では、ドロップショルダーの
型紙からのアレンジで、
ジャケットやコートまで作りました。
トップスの型にちょっと手を加えることで、
全然違うアイテムが作れてしまう。
また、生地を変えることで夏物から冬物まで、
1年を通して手作り服で過ごせます。
そんな服作りの面白さを体験してください。

型紙は自分で作ります

自分サイズで型紙を作ることから始める、
私のシロウト洋裁。
「型紙から作るなんて、ハードル高すぎる！」
と本を閉じるのはしばしお待ちを！
大丈夫。型紙作りもシロウトメソッドです。
難しい計算や、特殊な道具は必要ありませんので、
きっとあなたにも作れますよ。
また、洋裁ビギナーの編集さんにも試作してもらって、
より簡単なレシピに仕上げました。
工作感覚で作れる型紙、
ぜひチャレンジしてみてください。

手作り服コーデが満載です

手作り服はコーディネートしにくい？
外に着て出かけるのは恥ずかしい？　心配ご無用！
今回紹介するアイテムはオーソドックスな形ばかり。
手持ちの服とも、きっと相性がいいですよ。
いろんなシチュエーションでのコーデを
写真で紹介していますので、
服作りのイメージを膨らませてください。
ちなみに本書に掲載している服はすべて私の手作り服。
小物はすべて私物です。

CONTENTS

PART 1

まずはこれを
覚えよう！

シロウト洋裁の基本テクニック

日本の教育というものは案外優秀で、家庭科3だった私ですら、ミシンの基本的な動かし方は知っていました。シロウト洋裁では、それに加えて、ちょっとしたコツやテクニックさえ押さえれば、服が作れてしまいます。専門用語も難しいテクニックもなし！　プラス、どうしてわざわざ型紙から作るというやり方にしているのか、私の考えをお伝えします。

シロウト洋裁ってどんなもの？

「自分の服はすべて手作りしています」と言うと、「私もやってみたい！」という声をよく耳にします。目を輝かせてそう言った後、「でも、私には無理ね～」としょんぼりする姿もたくさん見てきました。

服を作るって、すごくハードルが高いと思っている方は多い。

特別な道具や難しいテクニック、そして持って生まれたセンスがないと服なんて作れない！

私もそう思っていた一人です。

でもね、いくつかのコツを押さえたら、シロウトの私にだって服が作れたのです。

これから紹介する道具と、いくつかの簡単な基本をマスターしたら、きっとあなたも服を作れます。それ以外に必要なのは、「やってみたい！」というやる気だけ。

さて、道具を揃えるとなると、大変な出費になるのでは？　とご心配のあなた。最初からそんなにすべて揃える必要はありません。

私が服作りを始めた時、使った道具はほぼ、学校の家庭科で使っていた裁縫セットに入っていたものだけ。それから少しずつ、手芸店や１００円ショップで「これ便利だな」と思ったものを買い足しました。また、すでにお家にあるもので代用できる道具もあります。

ないと困るのはミシン。「手縫いで作れますか？」と聞かれることもあるのですが、外に着ていける服を手縫いで作るには、かなりの根気とテクニックが必要。縫い目の美しさや強度を考えると、やはり、ミシンで縫うのが一番早くてきれいに仕上がります。

ミシンの機能で必要なのは、直線縫い、かがり縫い、ボタンホール縫いができることと、筒縫いができるフリーアームになっていること、針板に縫い代の幅を示すメモリがついていること。また、フットコントローラーがあるとさらに便利です。

そんなにたくさんの機能が必要なのか！　と怖《おじ》気《け》づきそうですが、実は、これらの機能はほとんどの家庭用ミシンに標準装備されていますので、ご安心ください。

私は、10年前にセールで4万円ほどで購入したミシンで、トップスからボトムス、さらにはコートまで作っていました。

それほど高いミシンじゃなくても、案外洋服は作れるのです。

ちなみについ最近、もっとパワーのあるミシンに買い替えたところ、厚物縫いが楽になりました。これからミシンをご購入の方は、参考にしてみてくださいね。

お裁縫の宝石箱やー
ぱかっ
1ねん3くみ
つだらんこ
学校で使っていた裁縫セットにほとんど入っています

これがなくちゃ始まらない!

スタメンアイテム13+α

まずは道具を準備しましょう!

アイロン台

大きめのアイロン台なら、ちょっとした作業にも使えて便利。

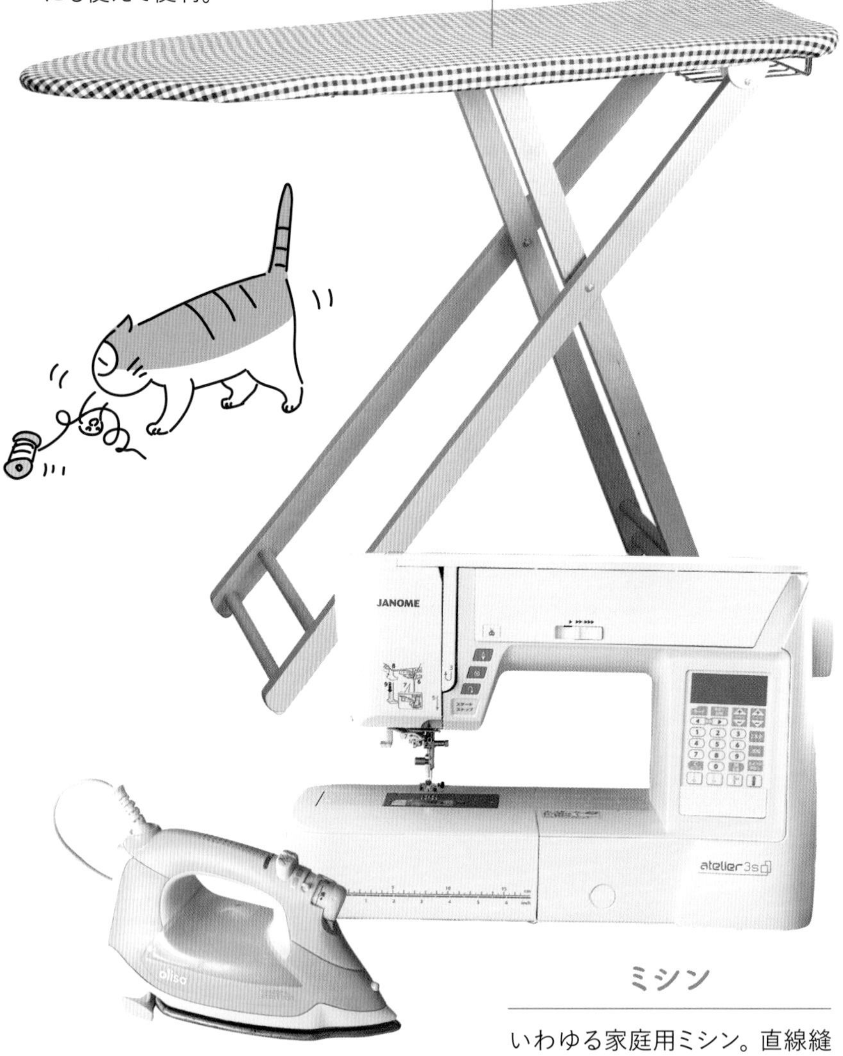

ミシン

いわゆる家庭用ミシン。直線縫いやかがり縫い、ボタンホール縫いなどができるミシンです。お値段によって、パワーや仕上がりに違いがあるので、ミシンを選ぶ時はお店の方に相談してみることをおすすめします。

アイロン

洋服作りにアイロンは必須。こまめにアイロンをかけることで、きれいに仕上げることができます。ミシンを出す時はアイロンもセットと心得ましょう!

今回のレシピで使うもの

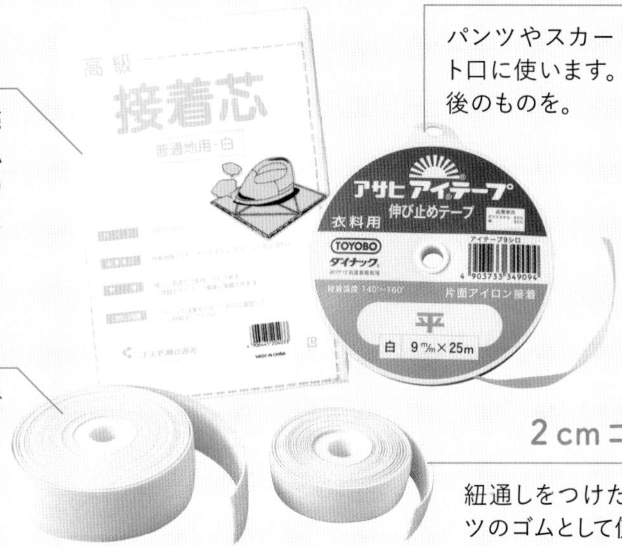

接着芯

いろんな種類が売られていますが、私は不織布タイプの普通地用を使うことが多いです。

3cmゴム

パンツのウエストで使います。

伸び止めテープ

パンツやスカートのポケット口に使います。幅1cm前後のものを。

2cmゴム

紐通しをつけた時のパンツのゴムとして使います。

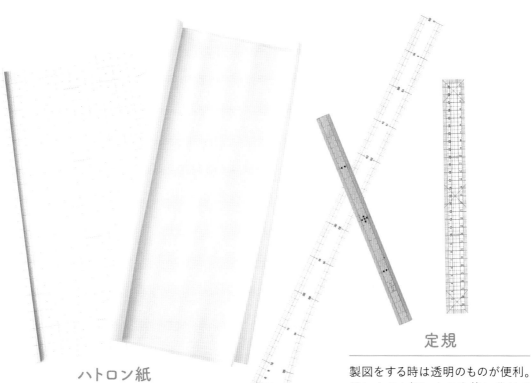

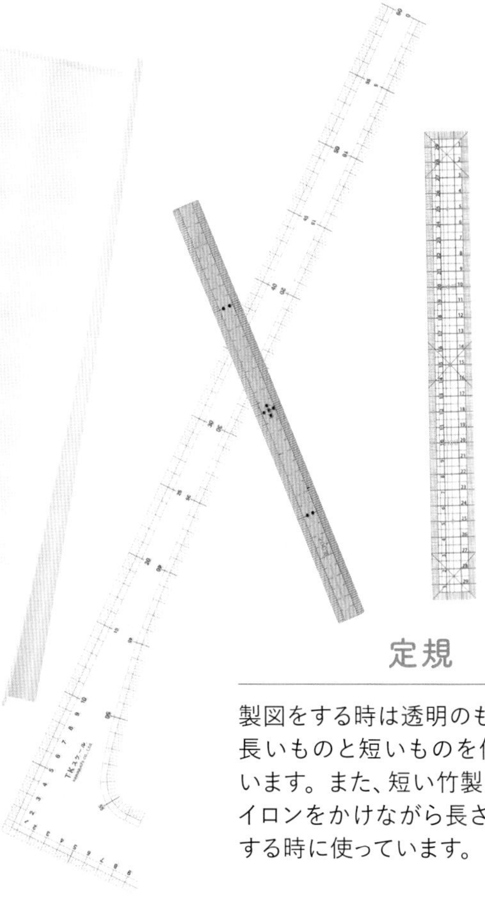

ハトロン紙

製図する時は方眼入り（左）、型を描き写す時は無地（右）が使いやすい。私は必要に応じて使い分けています。

定規

製図をする時は透明のものが便利。長いものと短いものを使い分けています。また、短い竹製の定規はアイロンをかけながら長さを測ったりする時に使っています。

ハサミ

布を切る裁ちバサミ、紙を切る時のハサミ、糸切りバサミ。切るものに応じて使い分けます。特に、裁ちバサミで紙を切ると切れ味が悪くなるので注意して！

メジャー

首からかけて使うテーラー用もかっこいいけど、私は雑貨屋で買ったかわいいメジャーを使っています。

ゴム通し

ゴムを通している途中で外れないように、しっかりとゴムをはさんで離さないタイプのものを選んで。

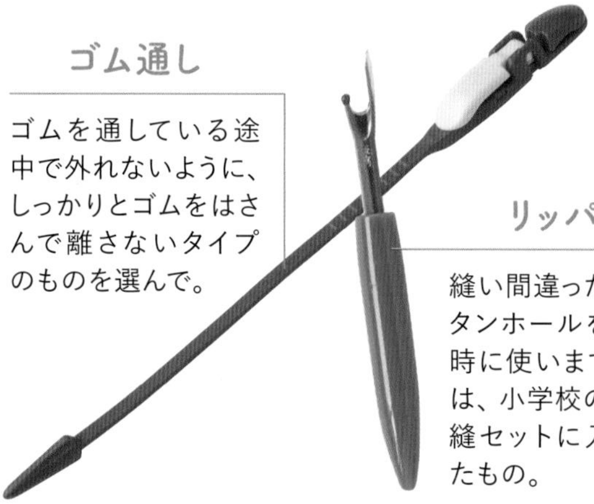

リッパー

縫い間違った時やボタンホールを開ける時に使います。これは、小学校の時の裁縫セットに入っていたもの。

あったら便利なアイテム

ペーパーウエイト

パターンを引く時や裁断する時、重しがあると便利です。洋裁用のものでなくてもオッケー。ペーパーウエイトがなければ、本などを置いて重しにしても。

仕上げ馬

筒状のものや細かい部分のアイロンがけに、あると便利。洋裁用のものも売られているけど、これは雑貨屋さんで買ったもの。

チャコペン

私が主に使うのは、時間が経つと消えるタイプと、ペンシルタイプ。布の素材や色に応じて何種類かあると便利です。

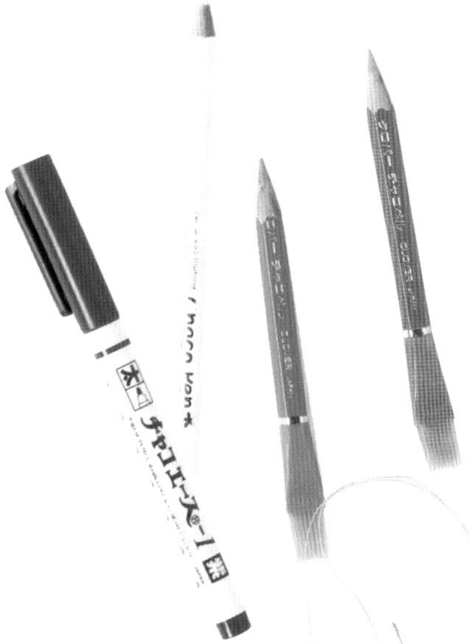

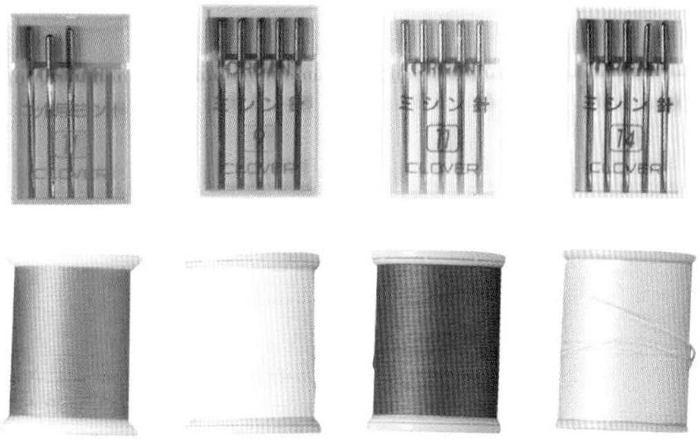

ミシン針とミシン糸

針と糸と布は三位一体。この三つの相性が悪いとうまく縫えません。右から順に、デニムなどの厚地用糸と針14番、一般的な厚さの普通地用糸と針11番、薄手生地用糸と針9番、ニット用の糸と針。

マチ針

使っているうちに折れたり曲がったり、案外消耗品。マチ針を打ったままアイロンをかけることもあるので耐熱タイプだと安心です。

縫針と糸

ゴムをつないだり、返し口を閉じたりする時に使います。手縫いができれば針は何でも良く、糸もミシン糸でオッケー。

紐通し

紐を通せれば何でもOK。なければ安全ピンでも代用できます。

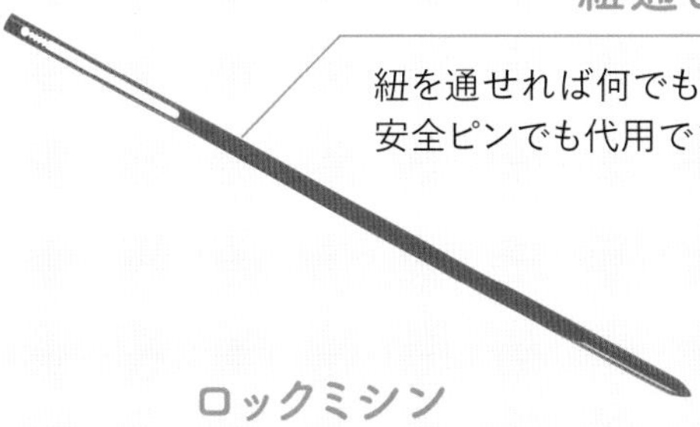

ロックミシン

かがり縫いに特化したミシン。家庭用ミシンでもかがり縫いはできますが、ロックミシンを使うと売り物みたいな仕上がりに！　服作りにハマった人はきっと欲しくなるアイテム。

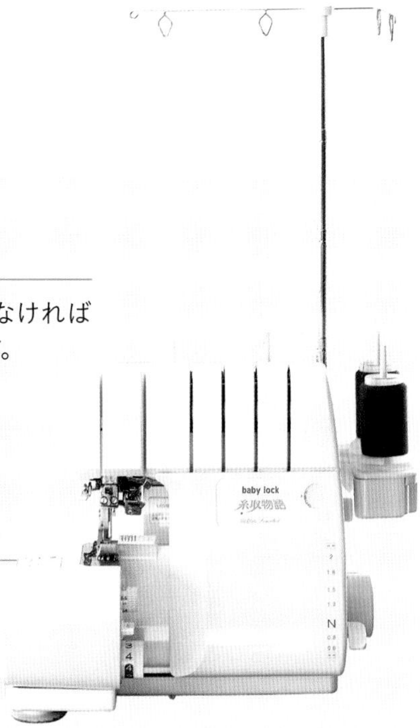

布のこと

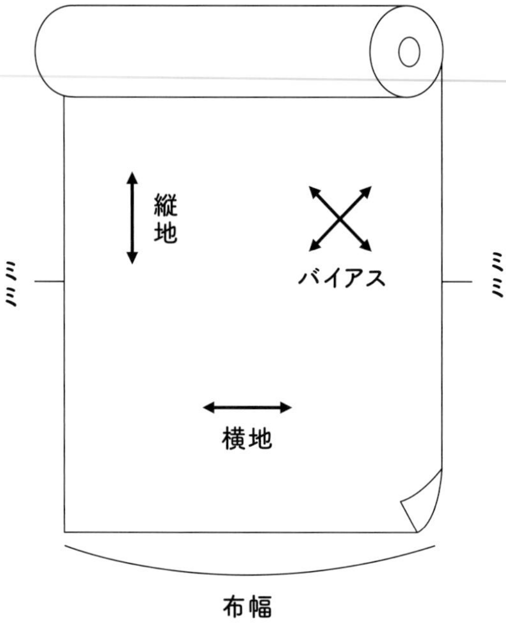

縦地
布の縦糸の方向のこと。

横地
布の横糸の方向のこと。

バイアス
縦糸に対して斜め45度の方向のこと。

ミミ
布の両端。

布幅
布の横幅のこと。

「わ」とは

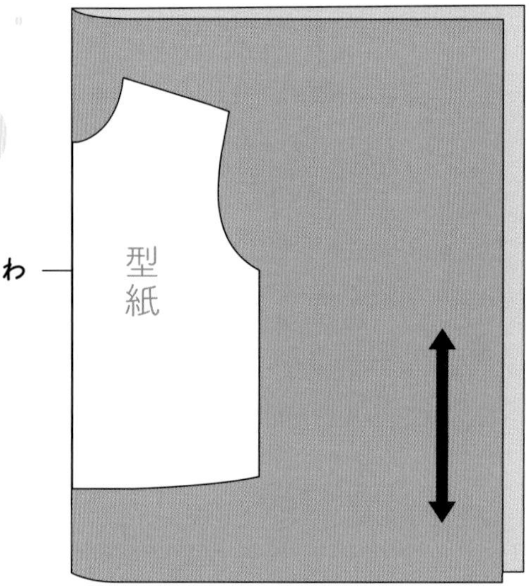

服を左右対称にするため、布を二つ折りにして裁断する、その中心部分のこと。通常、型紙に対して縦地方向に裁断するが、柄物の場合、見せたい柄の向きなどによって横地方向に裁断する場合も。

裁断の仕方

以前は、布に型紙をマチ針で留めて裁断していたけど、最近はチャコペンで布に書き写してから裁断している。そのほうが複雑な形も切りやすいのです。

縫い代の描き方のポイント

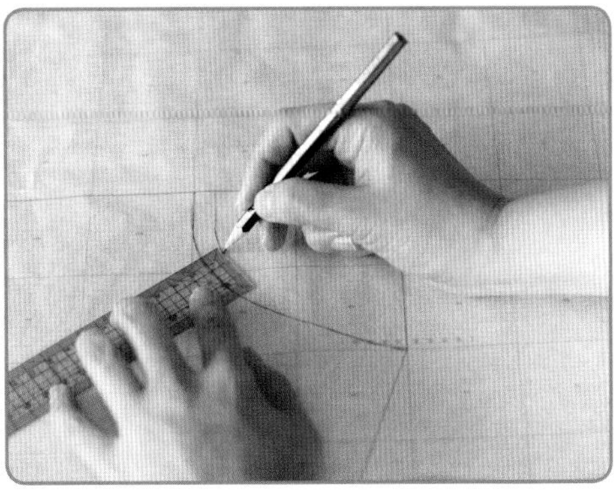

出来上がり線と平行に縫い代線を描くこと。カーブのところは、定規を直角に当てて少しずつ描いていく。方眼の入った定規が便利。

ななめになった角の縫い代の描き方

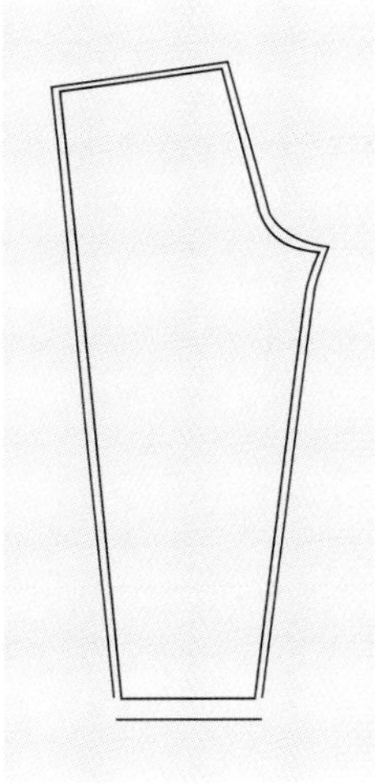

1 ハトロン紙にパターンを描き、角の部分を残して縫い代線を描く。

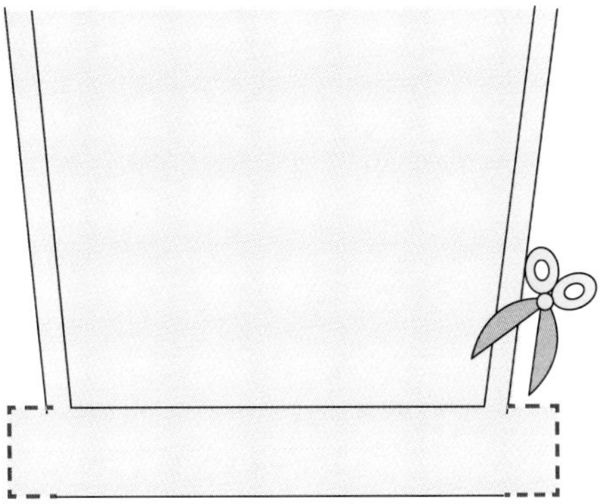

2 角の部分を少し多めに残して縫い代線でカットする。

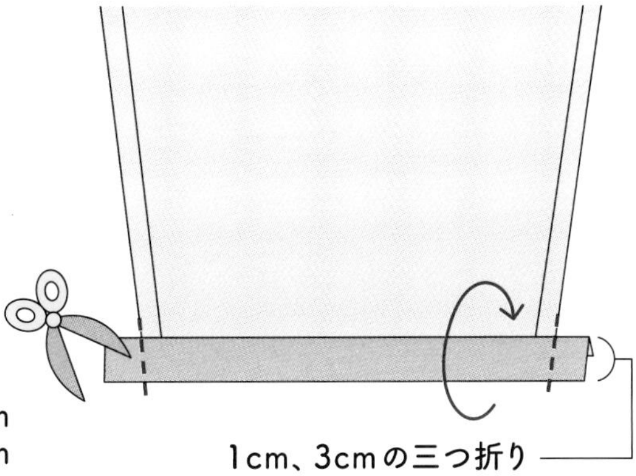

3 出来上がり線でハトロン紙を折り、斜めのラインでカットする。
※この場合は1cm、3cmの三つ折り

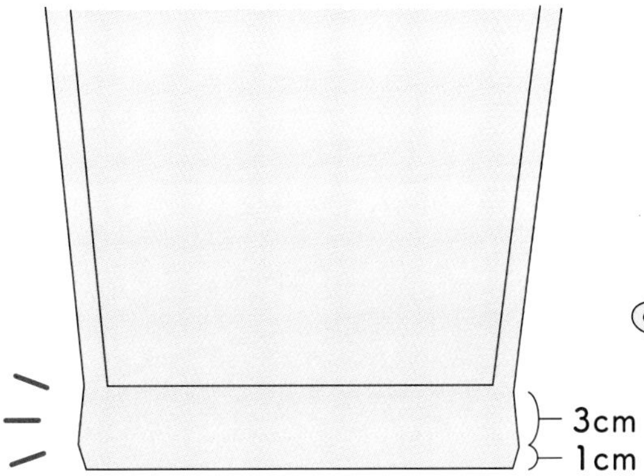

4 広げるとこんな形に。布で作る時と同じように型紙を折って縫い代を作っておけば縫う時に縫い代が足りなくなることがありません。

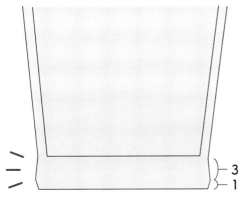

基本の縫い方

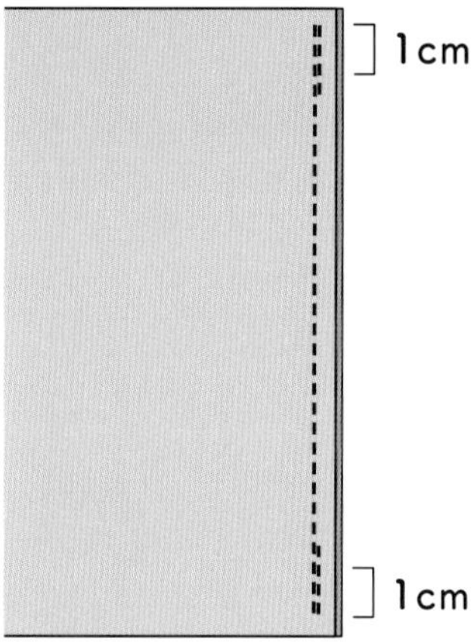

縫い始めと縫い終わりは、ほつれ止めのため、1cm程度返し縫いをする。
返し縫いは、同じミシン目の上を2~3回重ねて縫うこと。

布を重ねて縫う時は、中表（なかおもて）に縫うのが基本。中表とは、布の表を内側に重ね合わせること。こうすることで縫い代が表から見えないように仕上がる。

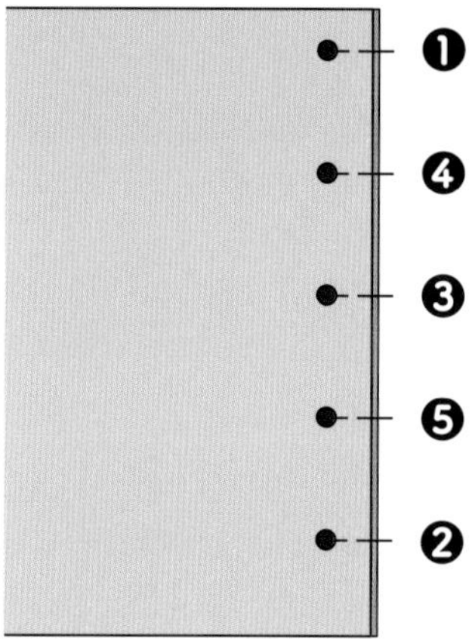

縫う時は、布をマチ針で留めて固定する。マチ針はまず端を留め、真ん中を留めて、その間を埋めていくという順番で留めるとバランスよく留められる。

布端の処理方法

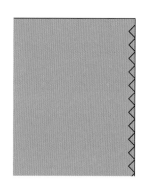

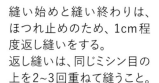

ほつれ止め

布がほつれるのを防ぐための処理。家庭用ミシンなら、ジグザグ縫いか裁ち目かがり機能を使う。ロックミシンがあればさらにきれいにほつれ止めができる。

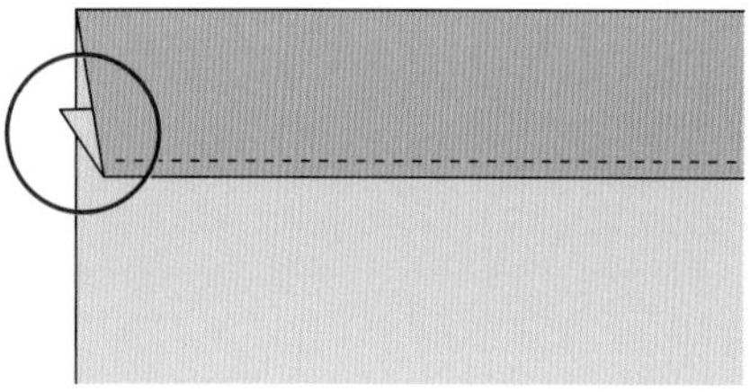

三つ折り

内側に一回折り込んで縫う方法。

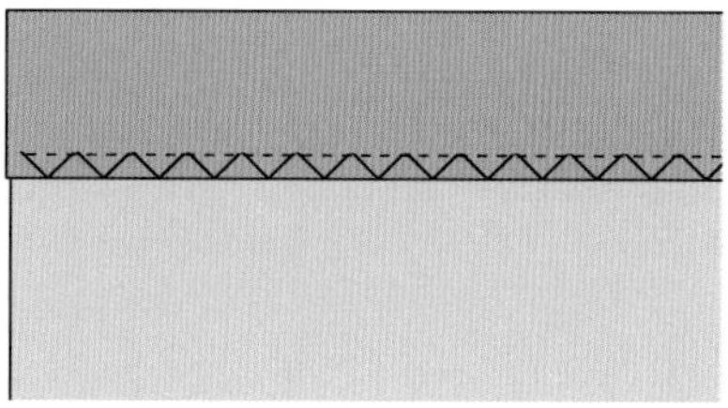

二つ折り

出来上がり線から二つに折って縫う方法。
布端にほつれ止めをしておく。

縫う時の目印

針板についているガイドラインを使って縫う。布端を縫い代幅と同じ数字に合わせて縫えば、布に出来上がり線を書く手間を省くことができる。写真は10mmの縫い代に合わせたところ。

接着芯の貼り方

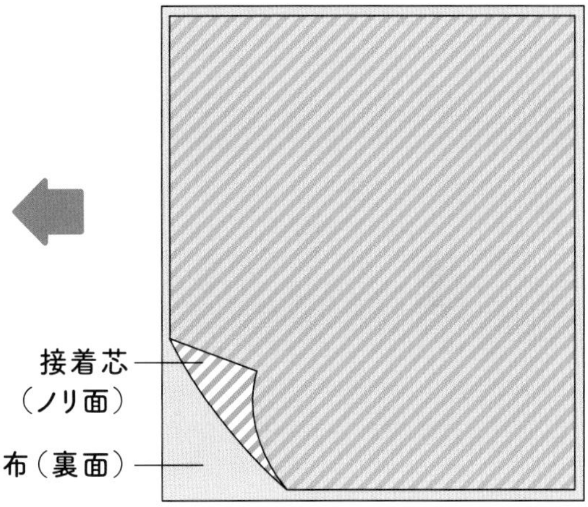
接着芯
（ノリ面）
布（裏面）

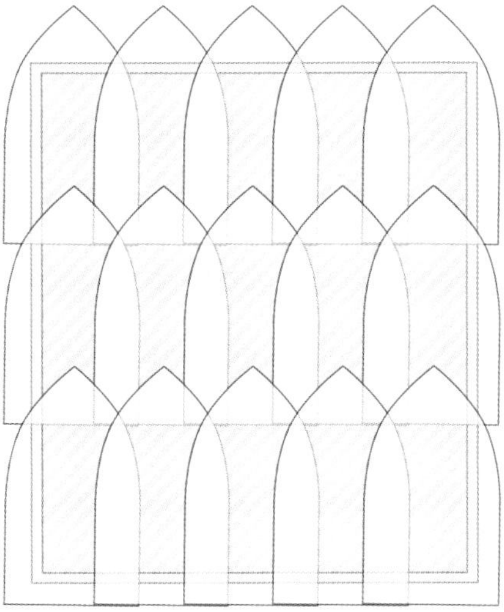

布の裏面と接着芯のノリがついている面を合わせてまんべんなくアイロンをかけていく。剥がれないように、しっかり接着すること。この時、アイロンを滑らせるとシワになるので、圧着するイメージで。

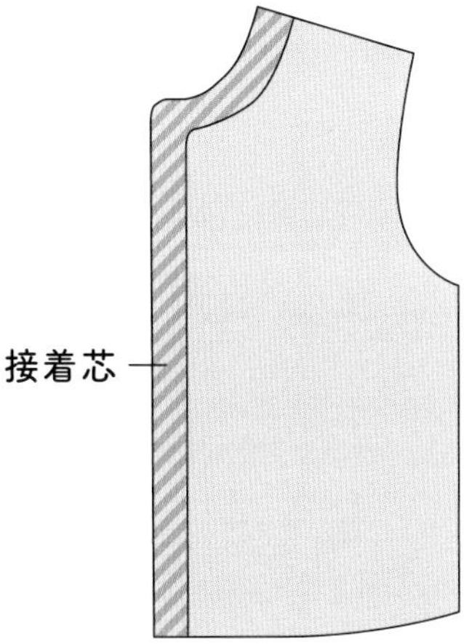
接着芯

コートの襟ぐりなど、部分的に使う場合は、接着芯を必要な形に切ってから貼りつける。

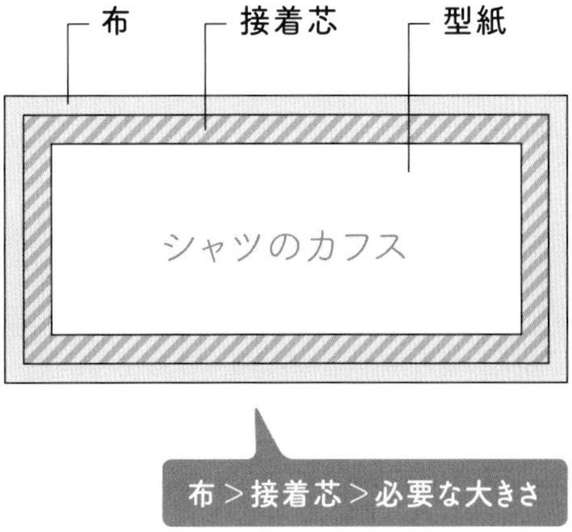
布
接着芯
型紙
シャツのカフス
布＞接着芯＞必要な大きさ

基本は、少し大きめに用意した布に接着芯を貼り、型紙通りに裁断する。

どうして自分サイズで型紙から作るのか

洋裁本は、Ｓ、Ｍ、Ｌのサイズから自分に近いサイズの型紙を選んで写しとるというのが一般的ですが、本書ではあえて型紙をつけていません。それは、あなたの体のサイズで型紙を作ってほしいから。

私は、自分サイズで型紙から服作りをするようになって、それまでのＳ、Ｍ、Ｌというサイズの概念って何なのだろうな～、と思うようになりました。

自分の服はもちろん、家族や友人のサイズで服作りをするようになると、人の体のサイズってさまざまなんだな、ということに気づいたからです。それを、Ｓ、Ｍ、Ｌだけでは網羅しきれない……。

バストが大きいとか小さいとか、ヒップが大きいとか小さいとか、それは、いいとか悪いとかではなく個性なんですよね。

ダイエットが流行った時に、身長別の理想体重とか理想体型というものを知って、自分とあまりにかけ離れていることに絶望したことを思い出します。

それ以来、ずっと自分の体型は理想や標準からも外れているんだという劣等感がありました。

特に私は、お尻や太ももが大きくて、ボトムス選びにはかなり苦労していたのです。サイズの合わないパンツに無理やりねじ込んだ私のお尻は、なんだかとても惨めに見えました。

既成サイズを当てはめて、私には入らないとか似合わないという諦めは、どんどん自分に自信がなくなってしまう。

ならば、私のお尻がきれいに収まるサイズでパンツを作ってみよう！　と思ったのが、型紙から作るようになったきっかけの一つでした。

自分サイズのパンツが作れるようになったら、あら不思議！　なんだか私のお尻もそう悪くないじゃない！　と思えるようになったのです。

ＳでもＭでもＬでもない、自分サイズの服は、自分が自分のままでいいんだ、という自信をくれるような気がします。

前著の読者の方の中に、「自己肯定感が上がった」という方がいらっしゃって、まさにそれ！　なんですよね。

自分サイズの服を一番きれいに着こなせるのは自分なんです。

また、大きすぎず小さすぎない服は着心地がよく、快適！

それを、自らの手で作ることで、あなたも自己肯定感を上げてみませんか？

また、型紙から作ることで、より服の構造というものが理解できるはずです。

私自身もそうでしたが、構造が理解できると作り方もイメージできるようになり、縫う時の失敗というのも少なくなるのです。

自分で型紙を作ることに慣れれば、いずれあなたのオリジナルのデザインで型紙を作れる日が来るかもしれませんよ！

今回の型紙は、前著に比べると少しだけ難易度がアップしています。

だけど、その分、着心地や使いやすさもアップ。

ぜひ、出来上がりを想像して、ワクワクしながらチャレンジしてみてください！

採寸してみよう!

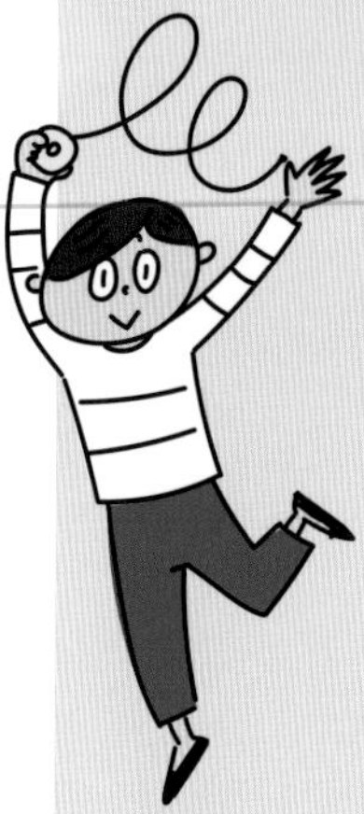

まずは、本書で必要なサイズを採寸しましょう!
採寸する時は、下着をつけた状態で測ります。
腕の長さなど、測りにくい場所は誰かに測ってもらうとベストです。

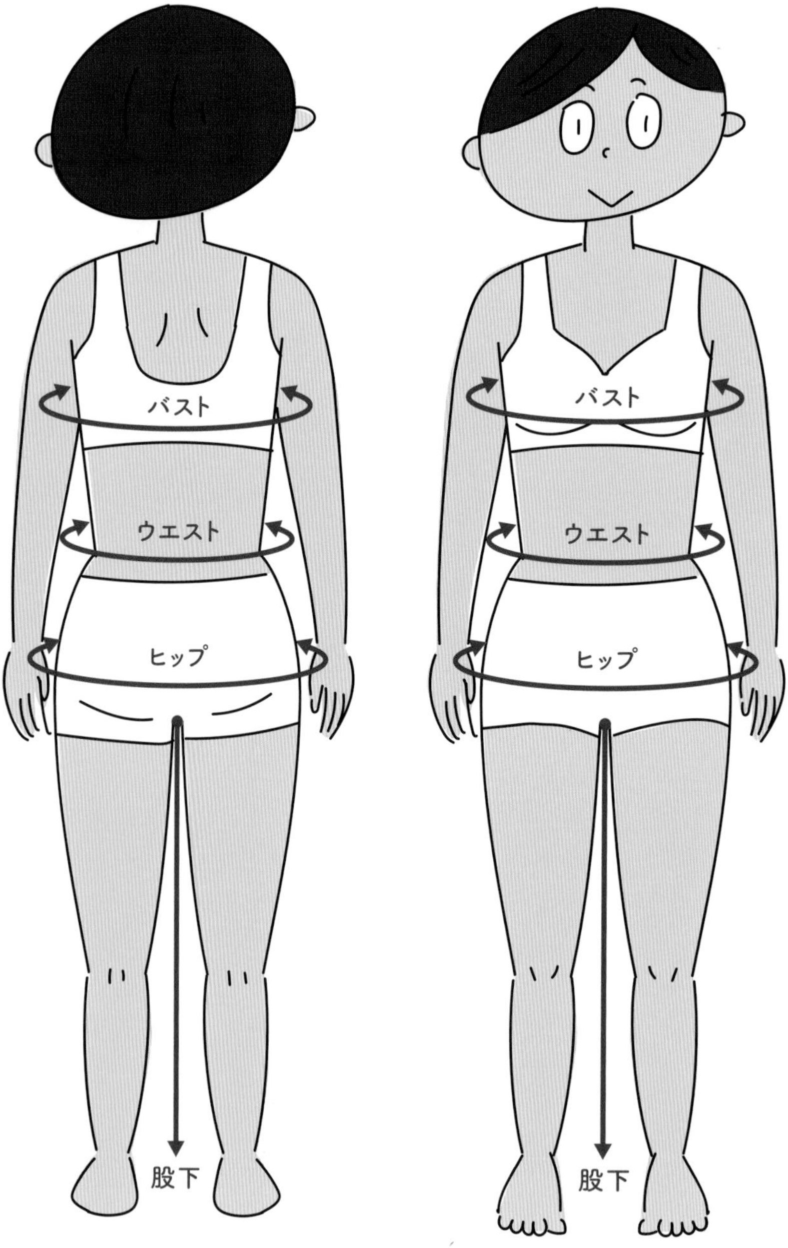

胸の一番高い位置から水平にぐるっと測る

バスト　　cm

腰の細いところを水平にぐるっと測る

ウエスト　　cm

お尻の一番高い位置から水平にぐるっと測る

ヒップ　　cm

股からくるぶしまでの長さを測る
（長さはお好みでオッケー）

股下　　cm

腕を下ろした状態で
首の下の骨から手首までの長さ

肩～手首　　cm

首の下の骨から、お尻の割れ目までの長さ

着丈　　cm

手首をぐるっと測る

手首周囲　　cm

ふくらはぎの一番大きな部分を水平にぐるっと測る

ふくらはぎ周囲　　cm

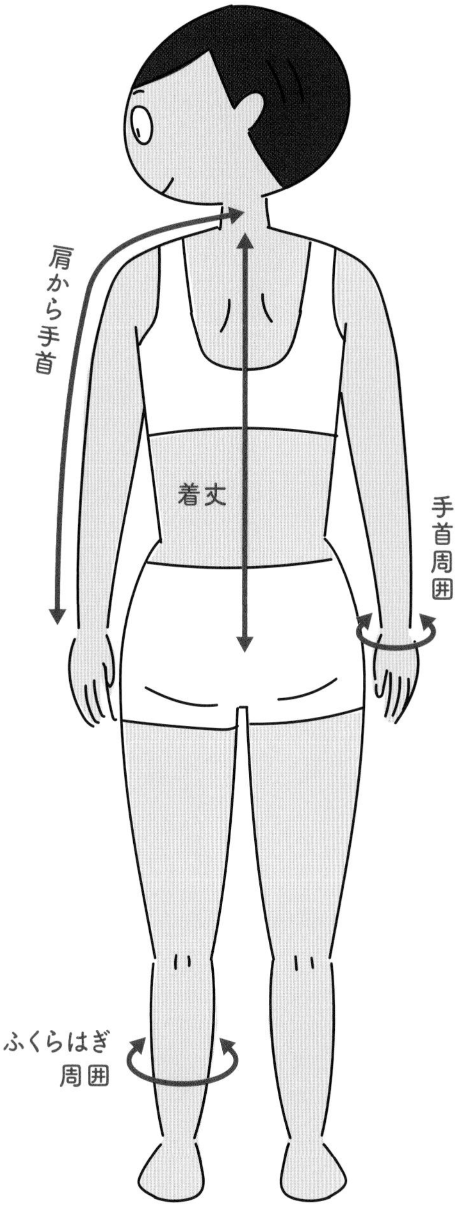

布選びについて

服作りは形もさることながら、使う布次第で仕上がりに差が出ます。

大事なのは、できるだけ出来上がりのイメージを膨らますこと。

平面の布を見ていると、キレイな色や柄ばかりに目がいきがちですが、「この布であのアイテムを作ったら、どんな感じになるかな～」と想像してみるのが大事。

布の素材が違えば、出来上がったもののイメージはかなり変わるのです。

色や柄だけでなく、布の厚みややわらかさというのも、重要なファクターです。

同じアイテムでも厚みややわらかさが違えば、着た時のシルエットは変わってきます。

例えば、同じ型紙から作っても、厚手のコットンのパンツはハリがあってカジュアルな印象に。やわらかいウールなら落ち感が出てエレガントな印象になったりします。

でも、厚手ってどのくらい？　やわらかいってどのくらい？

これは言葉での説明が難しいのですが、とにかく普段からいろんな布を触ってみて感覚をつかむことです。

ヒントは、自分が着ている服。

布を買いに行く時は、作りたいイメージに近い服を着ていって、触り比べながら布を選ぶことをおすすめします。

本書では、同じアイテムをいろんな布で作り比べているので、その違いを感じてみてください。
また、最近は布屋さんのオンラインショップが増えました。
お店によっては、「スカート向き」とか「ブラウス向き」といったカテゴリーに分けてくれていたり、「こういうアイテムに向いています」という親切な説明がされているところもあります。
実際に触れなくても、そういう情報があると選びやすいので、ぜひ活用してください。

同じ形の服でも
コットンでカジュアル

使う布で雰囲気は変わるよ
ウールでエレガント

必要な布の量を知るには

何を作るか決めずにノープランで布を買いに行く時、私は２ｍというのを一つの基準にしています。

身長１６６㎝の私の場合、だいたい２ｍ前後で、トップスもボトムスも作れます（ワンピースやコートはもっと必要）。

ちなみに、布屋さんで２ｍ注文すると、10㎝から多いところでは20㎝ほど余分に切ってくれるので、それをアテにしての２ｍ。

時々足りないこともあるのですが、そういう時は一部を別の布で補う。例えば、ベルトやポケットが違う色になっても、むしろそれが良い味になったりもするのです。

でも、布の量を確実に知りたいなら、まず型紙を作ってから床に並べて、必要な布の量をシミュレーションしてみてはいかがでしょうか？

一般的に生地の幅は3種類で、シングル幅（約90㎝）、普通幅（約１１０㎝）、ダブル幅（約１４０㎝）。

まずは、普通幅で必要量を測っておけば、布を買う時の目安になります。

また、毛流れの方向があったり、柄合わせが必要な布の場合は通常よりも多めに必要になるのでご注意を。

ところで、柄合わせと聞くとすごく難しそうですが、要は見た目が不自然じゃなければＯＫだと思っています。

細かいチェックなど小さめの柄やランダムに模

様が入ったものは、柄合わせ不要。

87ページのアフリカ柄のパンツや、126ページの細かい花柄のシャツはまったく柄合わせしていません。でも、特に違和感はないでしょう? 厳密にはいろいろとあるのでしょうが、シロウト洋裁でそこまで神経質になる必要はないのです。

実は、服を作るようになって気づいたことですが、市販の服でも柄がズレているものを結構見かけます。つまり、普通の人はそんなことまったく気にしていないということ。

私はつなぎ目がずれていると気になる大きめの柄の場合のみ、簡単な柄合わせをしています。

基本的には、横のラインを合わせると柄のつながりが自然に見えます。

以下にイラストで紹介しますので参考にしてみてください。

パンツの場合

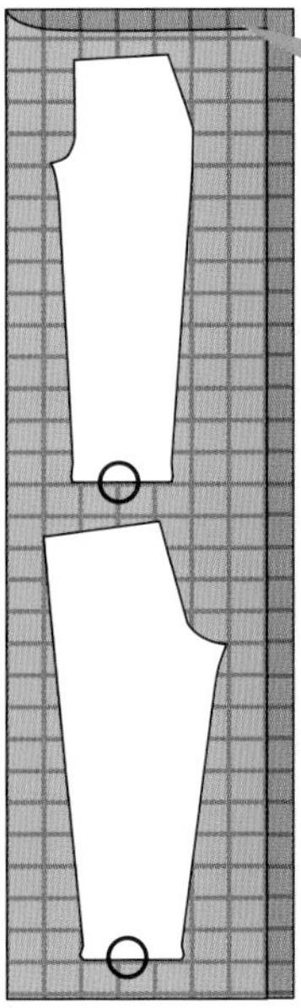
二つに折った布の
柄の縦横のラインが
ズレないように注意

裾にくる柄を合わせる。この場合、緑のライン。こうすると、前パンツと後ろパンツで横の線が合う。細かく気にすればきりがないけど、最低限これを押さえておけば「不自然な服」という印象にはならないと思います。

トップスの場合

二つに折った
布のラインが
ずれないように注意
ここがズレてると
気になっちゃう

前身頃、後ろ身頃の脇の下にくる模様を合わせる。この場合、赤いライン。袖は柄が合っていなくてもさほど気にならないので、柄合わせすることはほとんどありません。

検証！ ニット生地はどれだけ縮むのか!?

布ものを手作りする時、「水通し」してますか？作る前に水通しをすることで、縮みやすい生地は縮ませてしまい、地直しをして縦糸と横糸の歪みを整えるという作業。

これが、地味にめんどくさいのです！

ちなみに私は、シロウト洋裁という看板を盾に、ほとんど水通しや地直しはしておりません。

そのかわり、布を10㎝くらいの大きさに2枚切り出して1枚を水につけ、縮ませてみています。乾いたら水につけていないほうと重ね合わせてみて、どのくらい違いが出るかを確認。肉眼でもわかるほど縮んでいたら、ちょっと大きめに作るか、諦めて水通しをします。

また、洗ったら縮む可能性が高いものの一つにニット素材があります（ニットとは、いわゆるTシャツやカットソーに使われる、伸びる生地のこと）。

ところがこのニット素材、水通しがとても難しいのです。

水につけると、端がクルクルと丸まってしまったり、伸びる素材なので、干す時に余計生地が歪んでしまったりするからです。

ということで、ニットはちょっと大きめに作ることをおすすめします。

でも、大きめってどのくらい大きく作ればいいの？

そこで、実際に実験してみました！　簡単な水通しの仕方も紹介するので、参考にしてください。

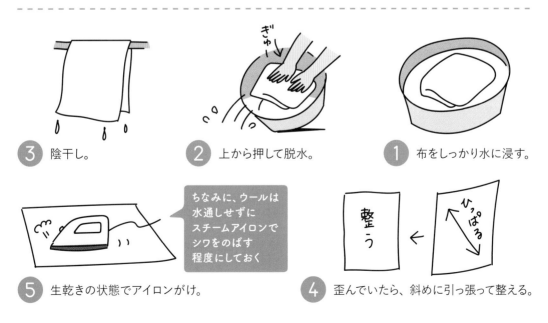

洗う前と洗った後を比べてみた結果

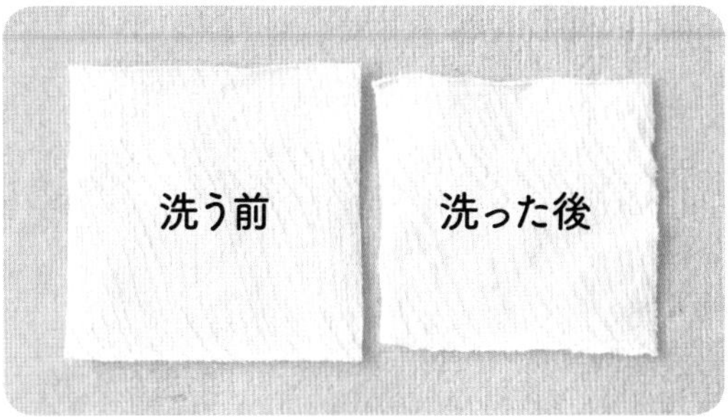
洗う前
洗った後

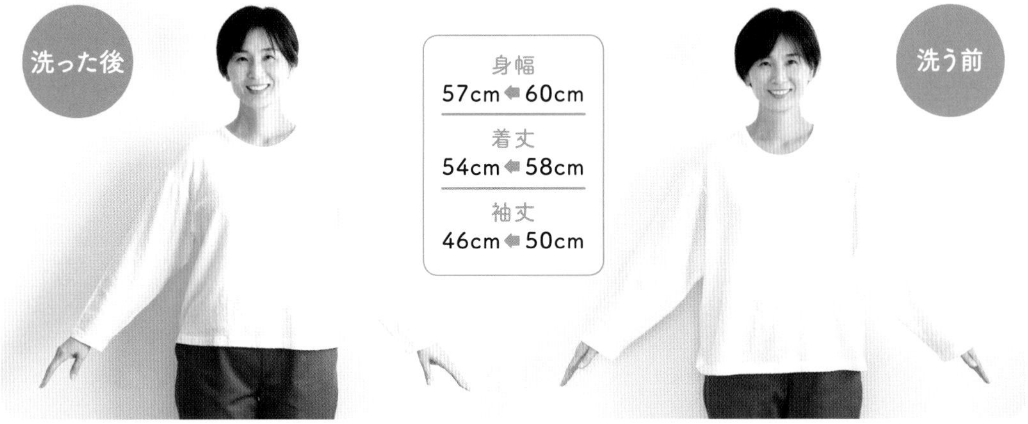
洗った後
身幅
57cm⬅60cm
着丈
54cm⬅58cm
袖丈
46cm⬅50cm
洗う前

なんと、3～4cmも縮んでいます。これだけ違うと、見た目にも縮んだのがわかりますね。
どのニットも同じように縮むとは限りませんが、ニットの服を作る時の参考にしてください。

水通しの仕方

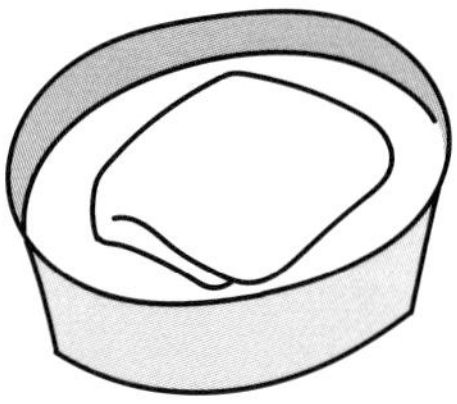

1 布をしっかり水に浸す。

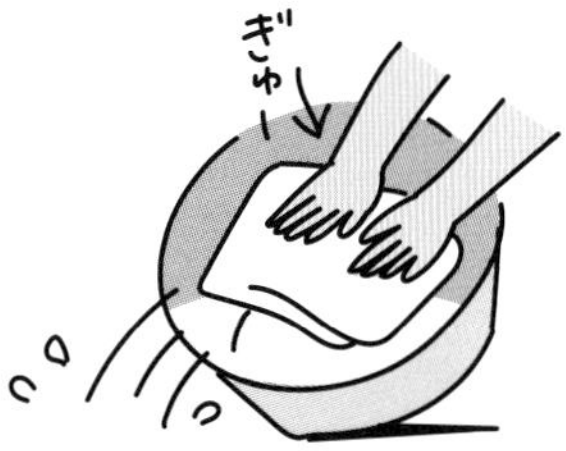
ぎゅー

2 上から押して脱水。

3 陰干し。

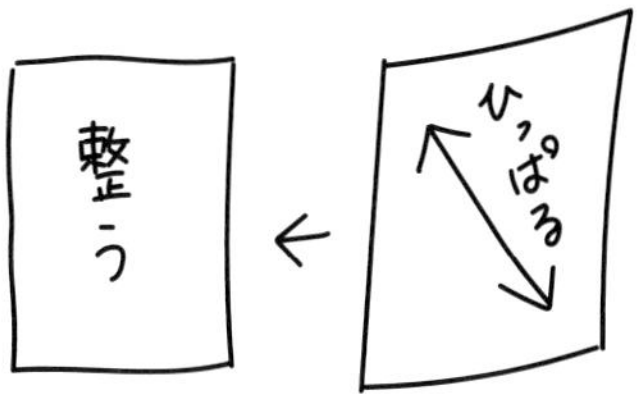
ひっぱる
整う

4 歪んでいたら、斜めに引っ張って整える。

ちなみに、ウールは
水通しせずに
スチームアイロンで
シワをのばす
程度にしておく

5 生乾きの状態でアイロンがけ。

PART 2

袖つけに挑戦！

ドロップショルダートップス

シロウト洋裁に立ちはだかる壁の一つ、それは「袖つけ」。パーツが少なければ少ないほど作るのは簡単ですから、「袖」というパーツが増えただけで、難易度がグッと上がるように感じるかもしれません。でもこれさえ乗り越えてしまえば、作れる服のレパートリーはものすごく広がります。ここでは、アレンジでショートジャケットまで作ってしまいましょう。

RANDISM

これができれば袖つけも怖くない！

本書の大きなテーマは、「袖のある服を作ること」。

しかも、型紙から！

市販の型紙で袖つけを経験している方なら、袖の型紙の形をイメージできると思います。

あのカーブは一体どういう計算で導き出される線なのか？　身頃の袖ぐりと合うようにするには特殊な道具が必要なのでは？

ノープロブレム！　シロウト洋裁に専門知識は必要ありません。

また、肩がぴったり合った服だと、前身頃と後ろ身頃で肩線の傾斜を変える必要がありますが、ドロップショルダーのようにゆったりした服なら、前も後ろも同じ形で大丈夫。

前身頃と後ろ身頃の形が同じなら、袖の形にも前後がありません。

つまり、縫う時に袖の前後を逆につけてしまったー！　というよくあるミスも起こらない。

袖つけの難しい部分は取っ払って、だけど、形も着心地も申し分ない服ができました。

本書の基本。この服を皮切りにどんどんアレンジが広がりますよ！

Point

- **襟ぐりは、頭が入るか確認を。**
- **逆カーブを合わせる袖つけは、マチ針を細かく打つのがコツです。**

Front

Back

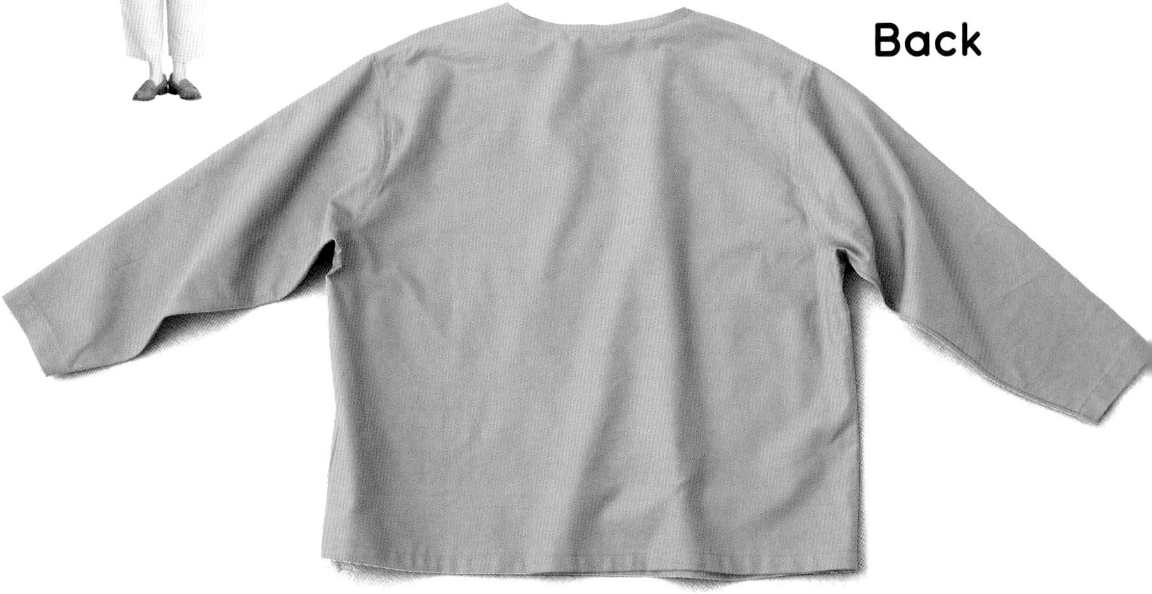

まずは、ちょっと薄手でハリのある綿素材で作ってみましょう。縫いやすいうえに、使い勝手も◎。

必要な布の丈　110cm幅で200cm（バスト85cm、着丈61cmの場合）

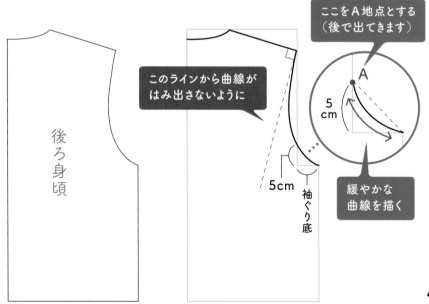

基本のプルオーバーを作りましょう!

型紙を作る

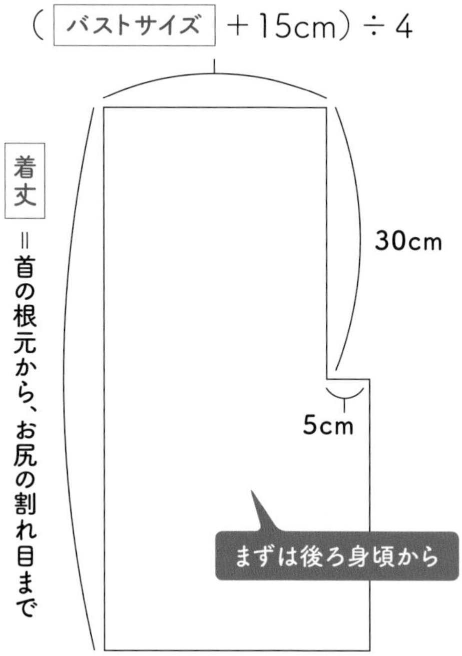

（バストサイズ ＋15cm）÷4
着丈
＝首の根元から、お尻の割れ目まで
30cm
5cm
まずは後ろ身頃から

1 自分サイズを当てはめた図形を描く。

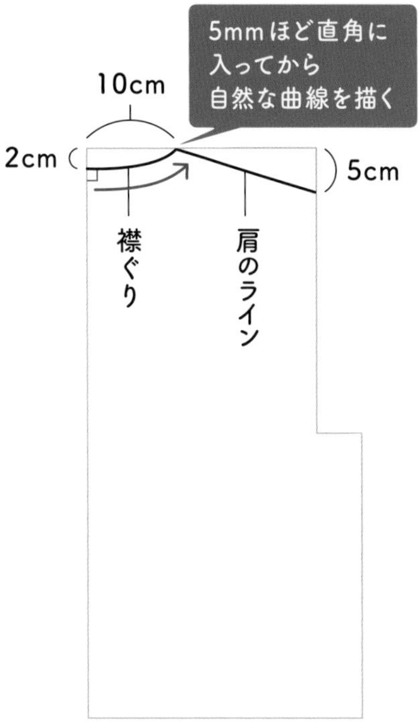

5mmほど直角に
入ってから
自然な曲線を描く
10cm
2cm
5cm
襟ぐり
肩のライン

2 襟ぐりと肩のラインを引く。

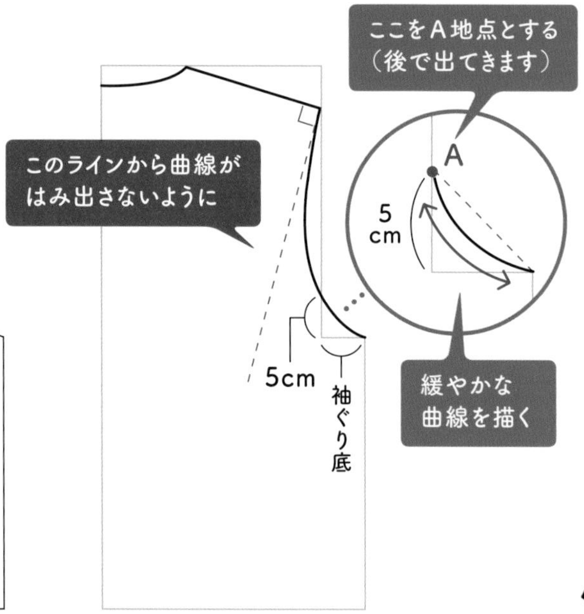

ここをA地点とする
（後で出てきます）
A
5
cm
このラインから曲線が
はみ出さないように
5cm
袖ぐり底
緩やかな
曲線を描く

3 袖ぐり底から5cm上の地点を通り、肩先までを曲線でつなぐ。この時、肩のラインから直角に引いた線をはみ出さないように注意。

後ろ身頃

4 後ろ身頃が描けました。
※縫い代は後で描きます

dropped shoulder

後ろ身頃を使って袖を作る

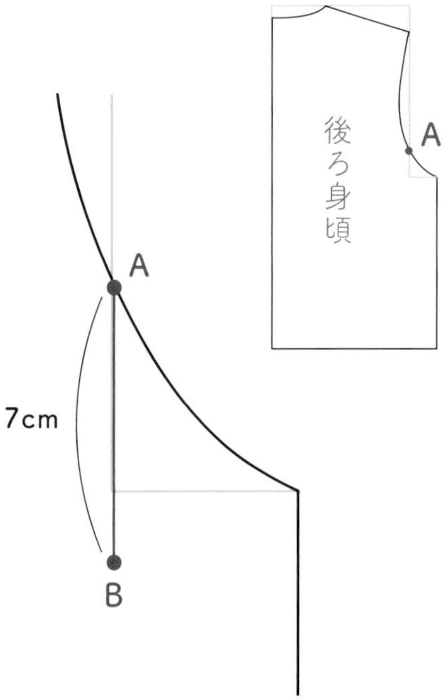
後ろ身頃
A
A
7cm
B

1 右ページで出てきたA地点から7cm直下した地点をBとする。

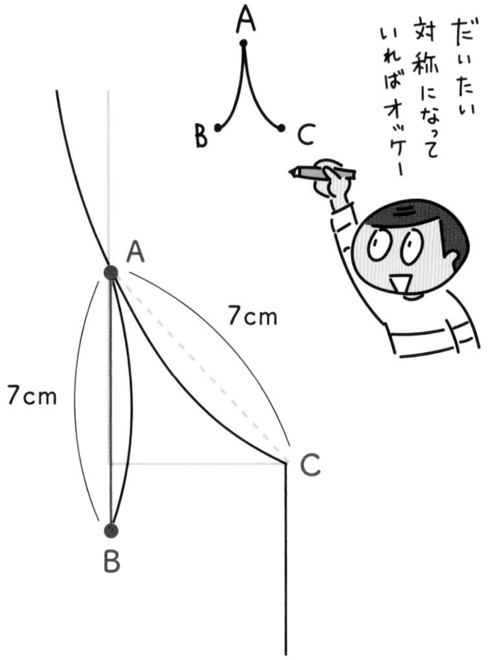
A
B
C
だいたい対称になっていればオッケー
A
7cm
7cm
C
B

2 AからCを結ぶ曲線と対称になるように、AからBに曲線を引く。

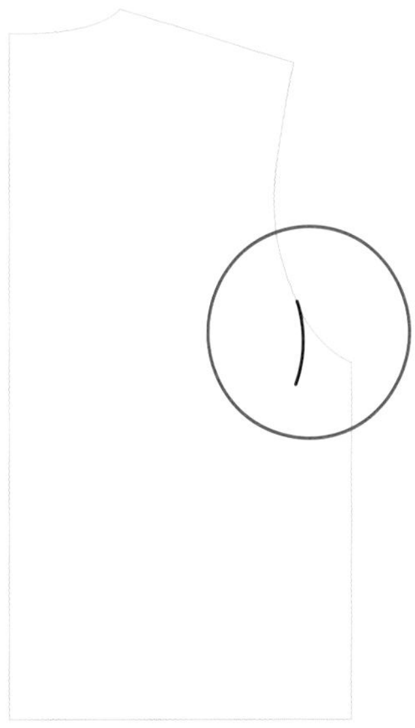

3 つまり、こういう線が引けました。

肩先
B

4 肩先からB地点までの曲線を使って、袖を描いていきます。

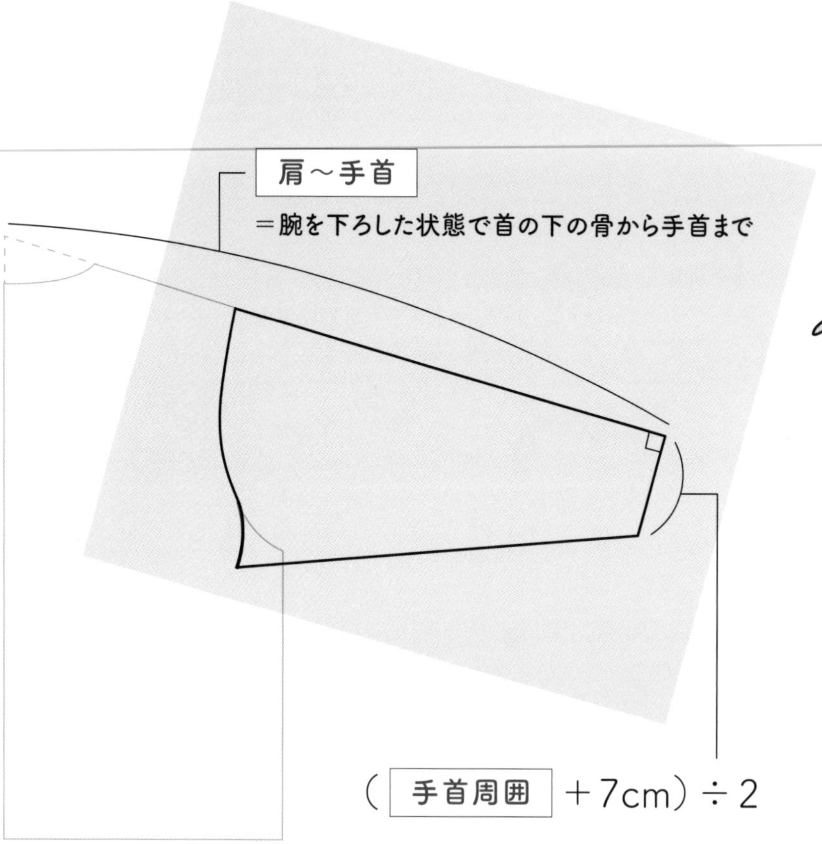
肩〜手首
＝腕を下ろした状態で首の下の骨から手首まで
（手首周囲 ＋7cm）÷2

次の工程のために
ハトロン紙を
大きめに用意する
こんなもんかなー

5 別紙に肩先からB地点までの曲線を写し、肩のラインを伸ばして袖を描く。

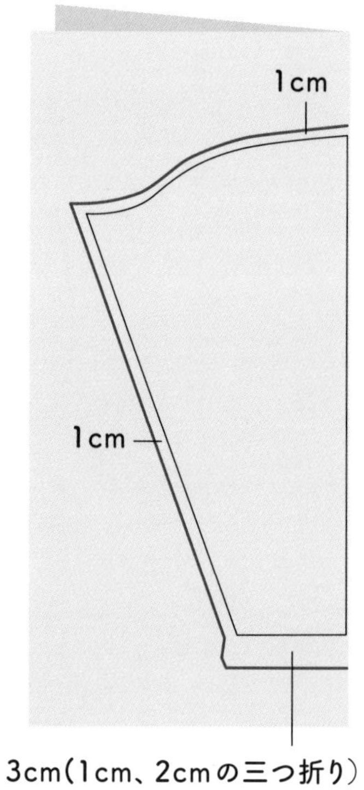
1cm
1cm
3cm(1cm、2cmの三つ折り)

6 ハトロン紙を半分に折り、縫い代を描く。

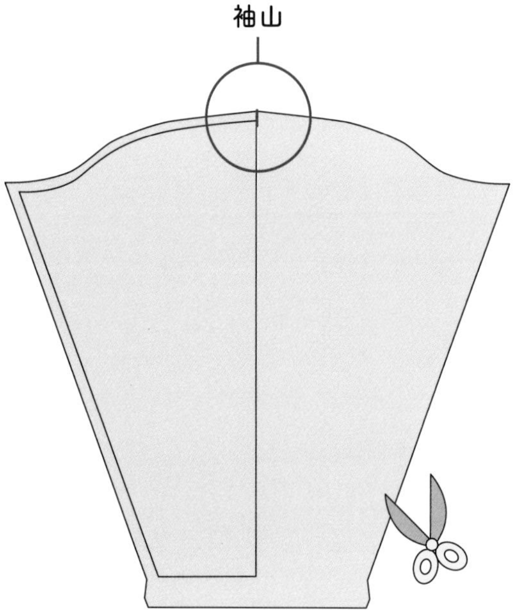
袖山

7 縫い代線で切って広げたら、袖山に印をつけておく。袖の型紙完成。

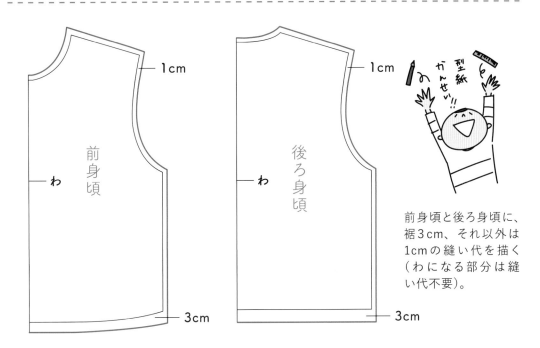

後ろ身頃を使って前身頃を作る

8cm
5mmほど直角に
入ってから、
自然な曲線を描く
カーブが急だと
縫いにくいので
緩やかにね
脇
2cm

1 別紙に後ろ身頃を写し、襟ぐりのラインを8cm下げる。裾を2cm伸ばして、緩やかなカーブで脇につなげる。

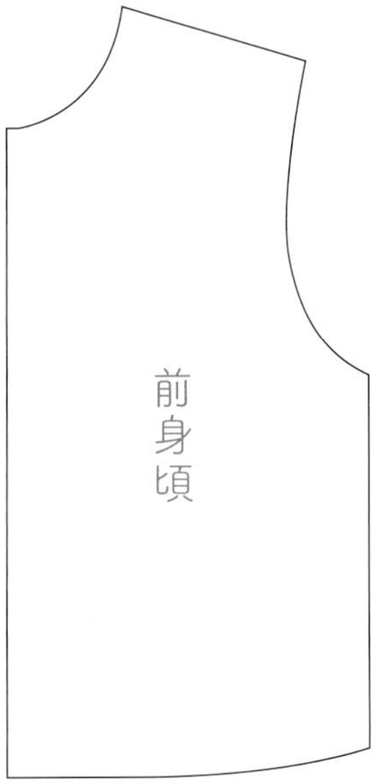
前身頃

2 前身頃が描けました。

身頃に縫い代を描く

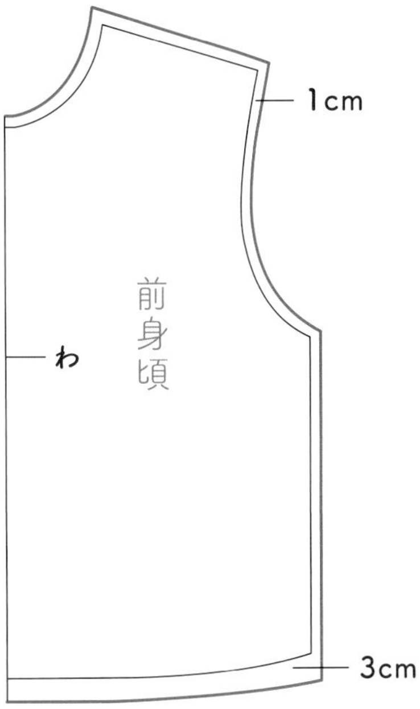
1cm
わ
前身頃
3cm

1cm
わ
後ろ身頃
3cm

型紙かんせい!!

前身頃と後ろ身頃に、裾3cm、それ以外は1cmの縫い代を描く（わになる部分は縫い代不要）。

裁断する

切り出すパーツの数

- ☐ 前身頃×1
- ☐ 後ろ身頃×1
- ☐ 袖×2
- ☐ バイアステープ×1

裁断の仕方は
あくまで参考程度に。
布幅やサイズに
よっても違います

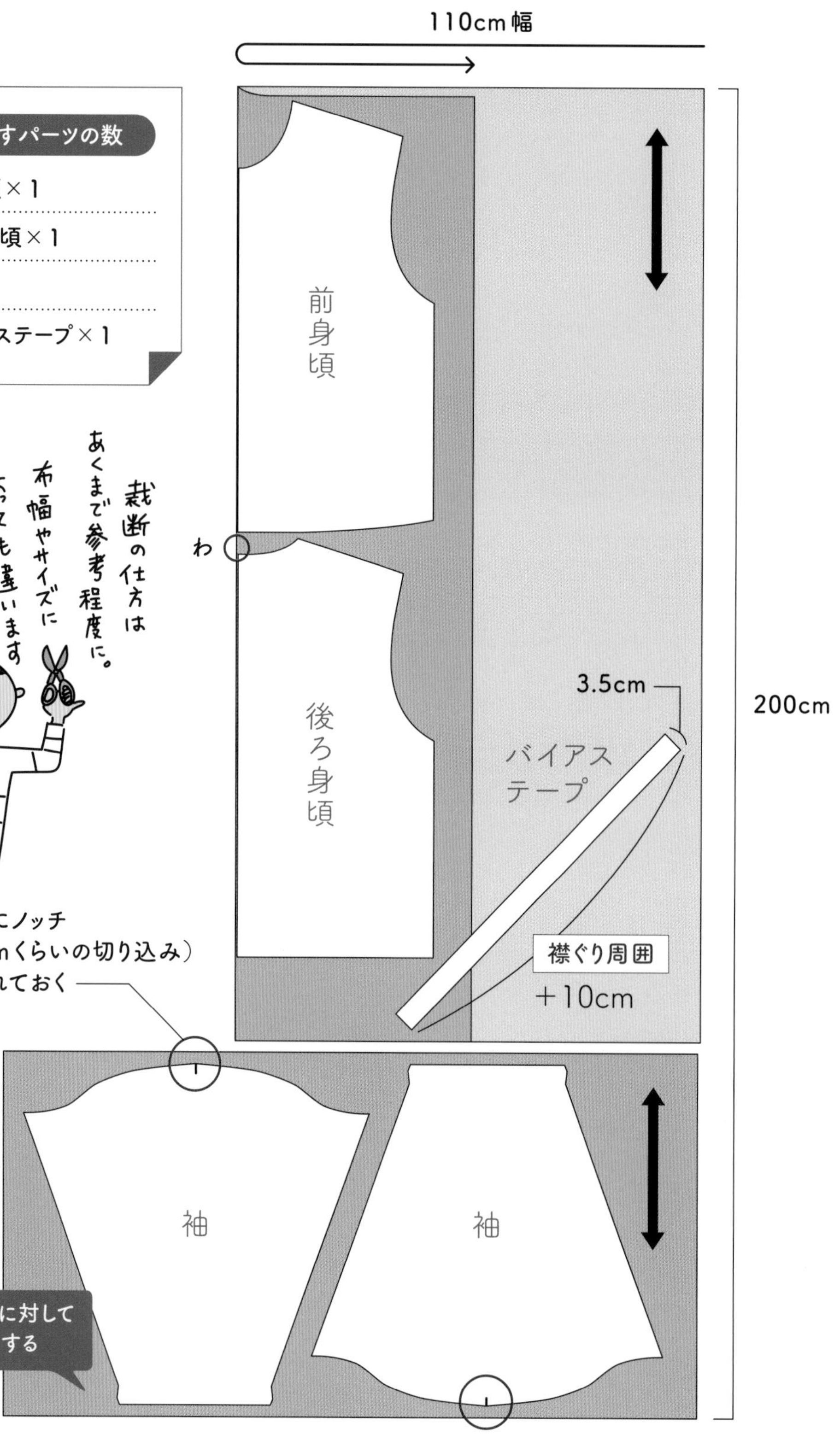
袖山にノッチ（3mmくらいの切り込み）を入れておく
袖口を布目に対して直角に配置する

肩を縫い合わせる

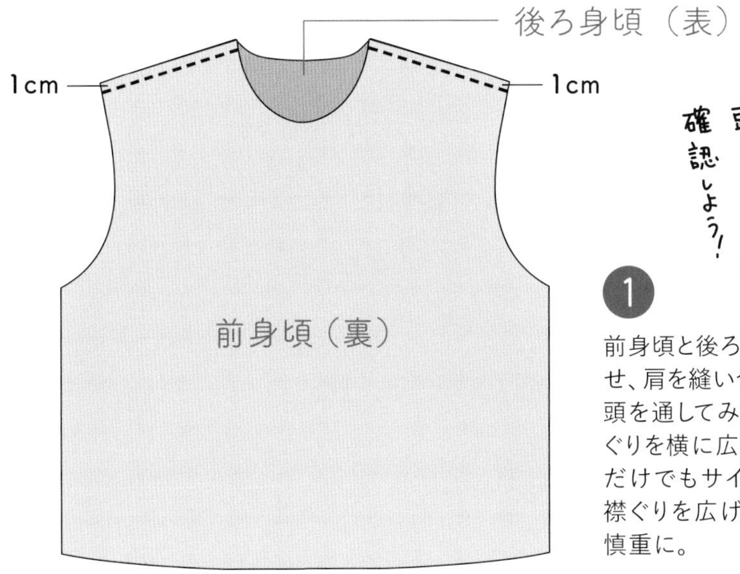

後ろ身頃（表）
1cm
1cm
前身頃（裏）

頭が入るか確認しよう!

1

前身頃と後ろ身頃を中表で合わせ、肩を縫い合わせる。この時、頭を通してみて入らなければ襟ぐりを横に広げる。1cm広げただけでもサイズが変わるので、襟ぐりを広げる時は、少しずつ慎重に。

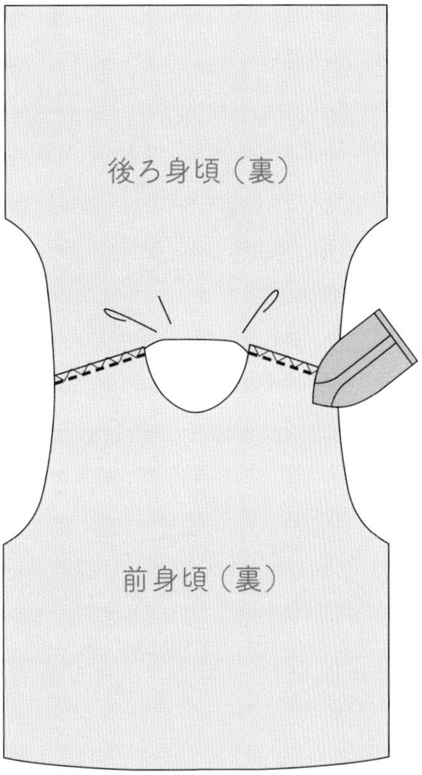

後ろ身頃（裏）
前身頃（裏）

2 肩の縫い代を2枚一緒にほつれ止めして後ろ身頃側へ倒し、アイロンをかける。

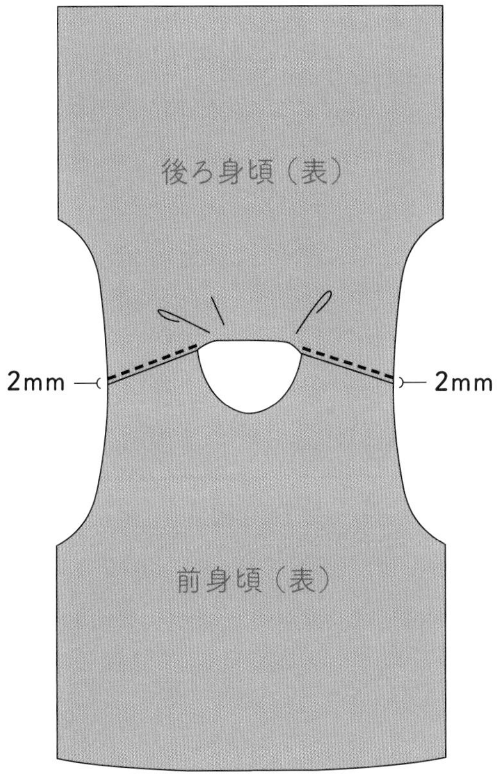

後ろ身頃（表）
2mm
2mm
前身頃（表）

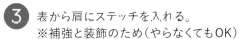

3 表から肩にステッチを入れる。
※補強と装飾のため（やらなくてもOK）

襟ぐりをバイアステープで処理する

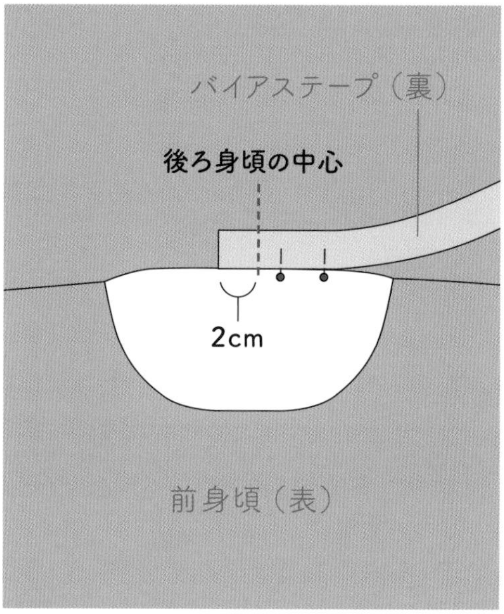
バイアステープ（裏）
後ろ身頃の中心
2cm
前身頃（表）

1 後ろ身頃の中心から2cmほど出してバイアステープをマチ針で留めていく（生地は中表）。

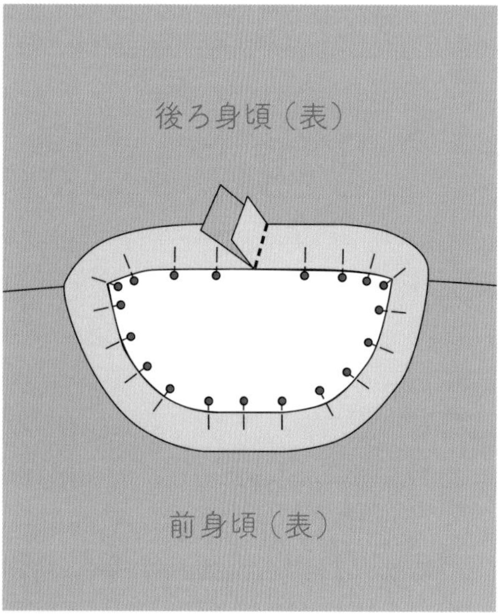
後ろ身頃（表）
前身頃（表）

2 襟ぐりの周囲を留めたら、バイアステープを縫い合わせる（この時、バイアステープがダブつかないように注意）。

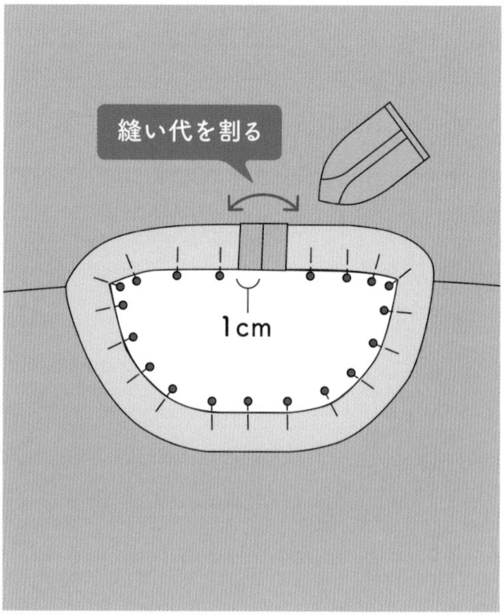
縫い代を割る
1cm

3 余ったバイアステープを1cmに切り、縫い代を割ってアイロンをかける。

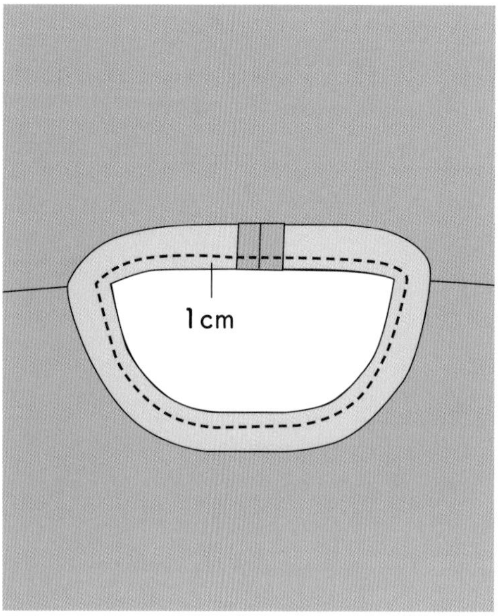
1cm

4 襟ぐりを1cm幅で縫う。

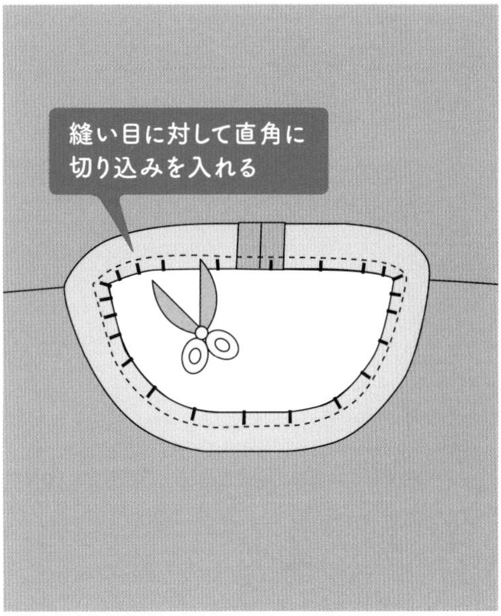

5 縫い代に2cm間隔の切り込みを入れる。カーブがきつい部分は1cm間隔（縫い目を切らないように注意）。

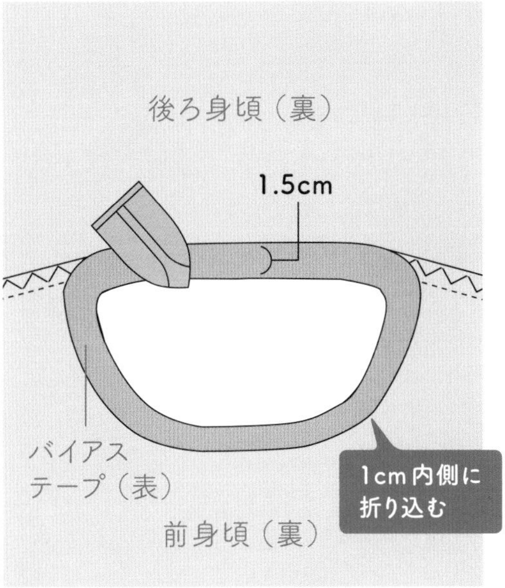

6 バイアステープを裏側に折り返し、端を1cm内側に折り込んでアイロンをかける。

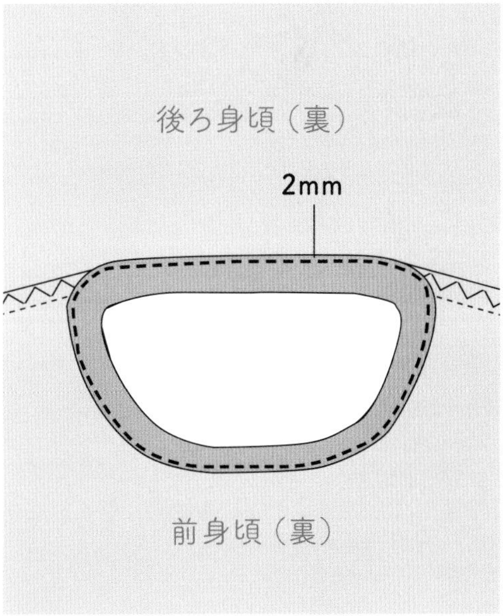

7 端から2mmのところを縫う。

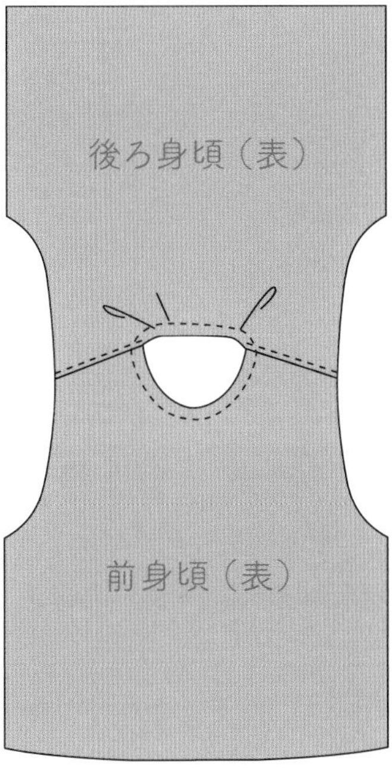

8 襟ぐりの処理ができました！

袖をつける

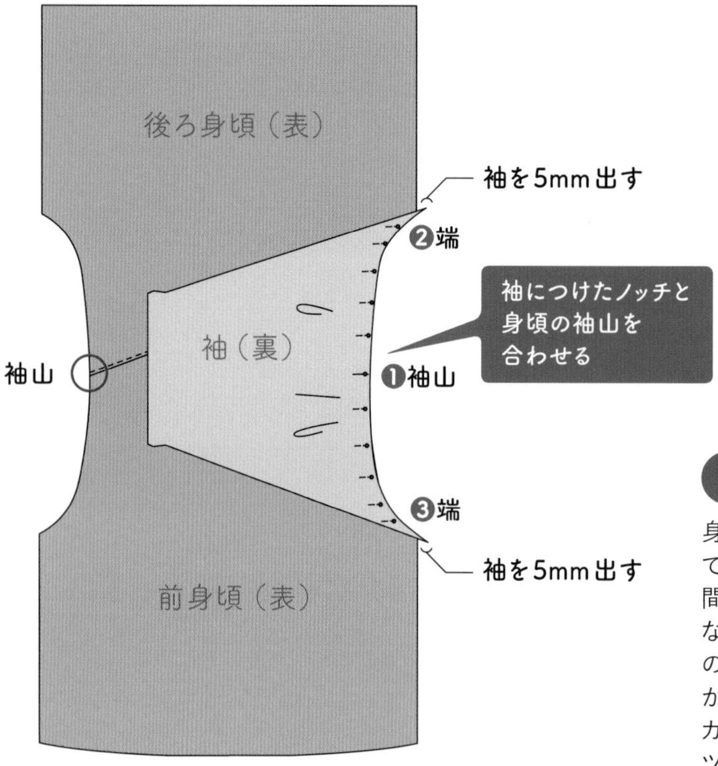
後ろ身頃（表）
袖を5mm出す
❷端
袖につけたノッチと
身頃の袖山を
合わせる
袖山
袖（裏）
❶袖山
❸端
袖を5mm出す
前身頃（表）

ダブつかない
ように
カーブを
合わせて
いくよ

1

身頃と袖を中表にしてマチ針で留める。袖山、両端、その間、の順に留めていく。逆になったカーブを合わせていくのはちょっと難しいので、細かくマチ針を打って、丁寧にカーブを合わせていくのがコツ。

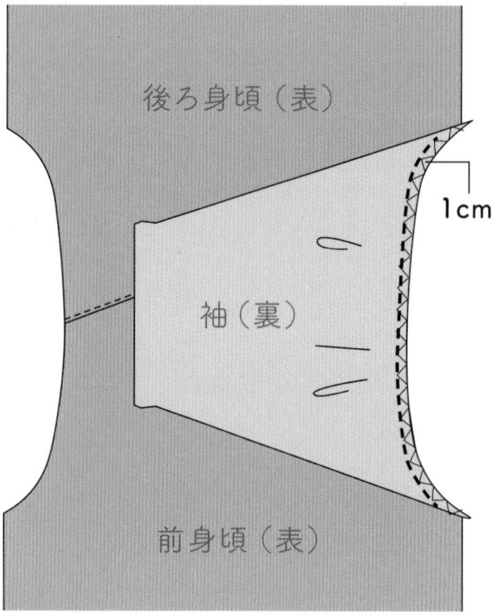
後ろ身頃（表）
1cm
袖（裏）
前身頃（表）

2 端から1cmのところを縫い、2枚一緒にほつれ止めをする。

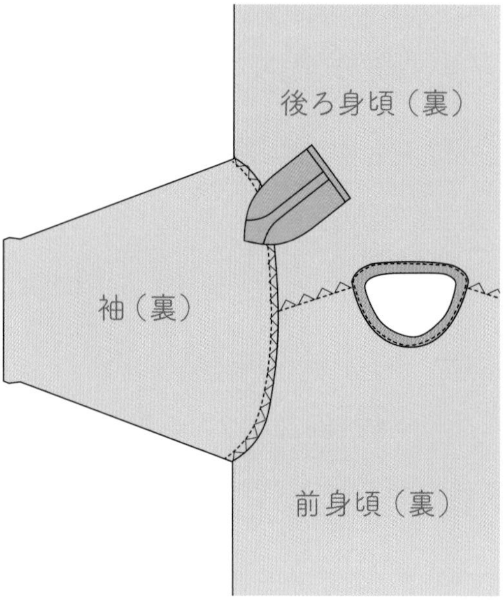
後ろ身頃（裏）
袖（裏）
前身頃（裏）

3 縫い代を身頃側へ倒しアイロンをかける。

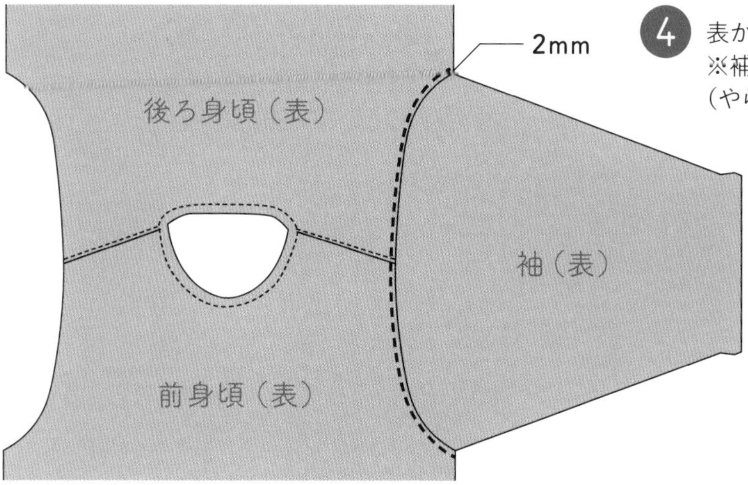
2mm
後ろ身頃（表）
袖（表）
前身頃（表）

4 表からステッチを入れる。
※補強と装飾のため
（やらなくてもOK）

ステッチがアクセントになってかわいいよ

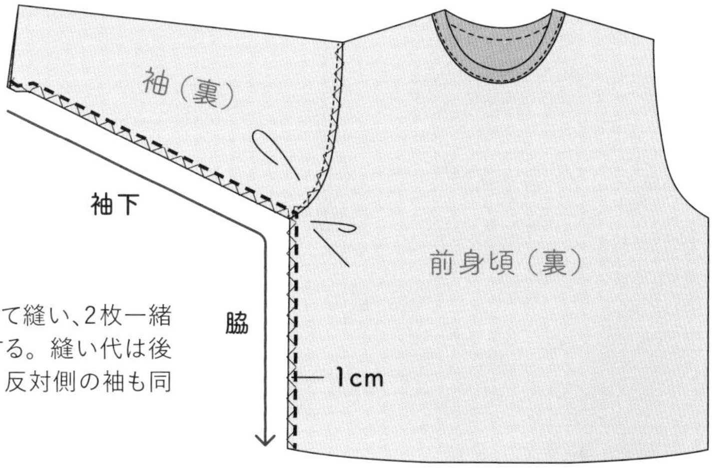
袖（裏）
袖下
脇
前身頃（裏）
1cm

5 袖下から脇を続けて縫い、2枚一緒にほつれ止めをする。縫い代は後ろ身頃側へ倒す。反対側の袖も同じようにつける。

仕上げ

袖口のような
フリーアームに入らない
せまい筒の縫い方

できあがりっ！

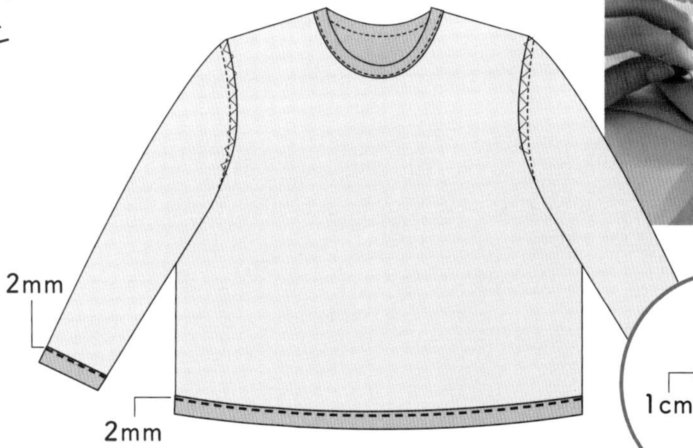
2mm
2mm

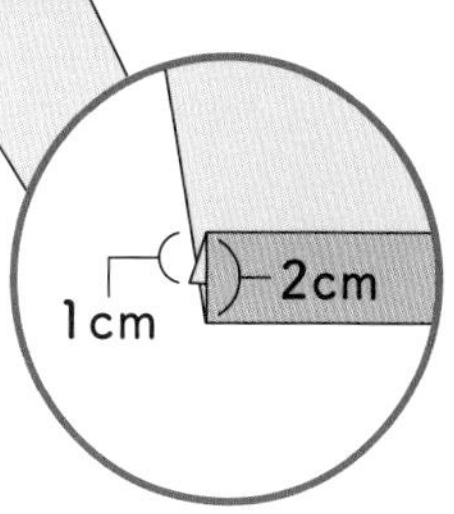
1cm
2cm

裾と袖口を、1cm、2cmの三つ折りで縫う

Arrangement

いろんな布で作ってみました！

オールマイティーな紺のトップス

厚すぎず、扱いやすい紺の綿素材。カジュアルにもお出かけ服にも。

いい
お天気♡

同じ紺の布で作ったワイドキュロットと合わせて。これはカジュアルに着てるけど、アクセサリーや小物を変えればちょっとしたオケージョンに。

ちょっと
出かけてくるね

黒のワイドパンツと合わせて、仕事用にも。カジュアルな形なのにきちんと見えるのが紺のいいところ。

お兄さんって言われた…

え〜

あたし？

え！

ちょっとお兄さん

ニット素材で作れば秋冬にも

Tシャツよりちょっと厚手のポンチニット。重ね着にも最適。

中に白Tシャツを着て、デニムと合わせた超カジュアルコーデ。アクセサリーとスニーカーで赤を効かせる。

お姉さんって言われちゃった

そこのお姉さーん

うふふ

え！

あたし？

ハデ色のボトムスもしっかり受け止めてくれる黒は万能！　ボトムインで着ると、よりすっきりして見える。

今日は
ちょっと
肌寒かったかなー

ボーダーのニット素材でカジュアルに

薄手ウールのニット素材。ボーダーだから余計に使いやすい！

黒のマキシ丈スカートに合わせる時は、フロントだけちょっとインして、足長効果を狙ってみる。

暑いなー

今日はなんだか

着るものってむずかしい

ゆったりめに作ってあるので、中にシャツを着てももたつかない。重ね着で違った雰囲気に。

Arrangement

ニット素材で作る時のコツ

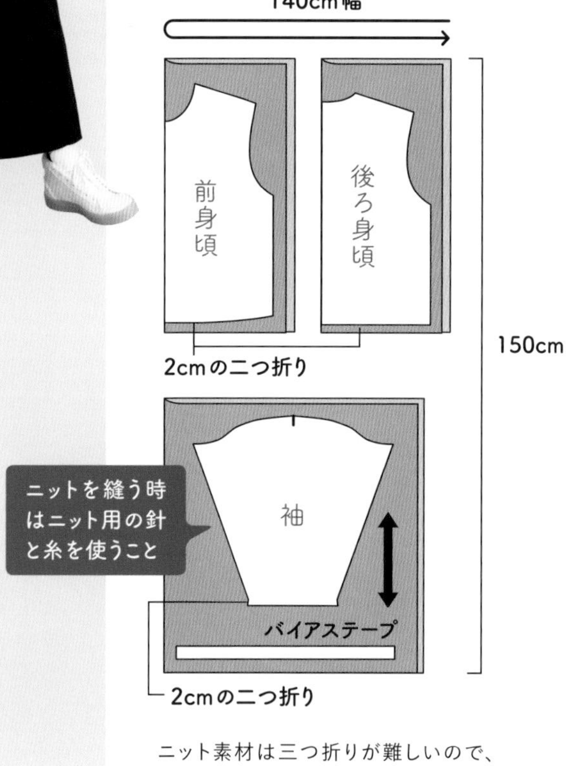

140cm幅
前身頃
後ろ身頃
2cmの二つ折り
150cm
ニットを縫う時はニット用の針と糸を使うこと
袖
バイアステープ
2cmの二つ折り

ニット素材は三つ折りが難しいので、袖と裾の縫い代を2cmの二つ折りに変更。また、ニットは伸びるので、バイアステープは横地で取る。

薄すぎず、厚すぎない素材だから、1枚で着ても、インナーにしてもOK。ヒッコリーデニムと合わせて爽やかに。

1枚あると便利な白のトップス

どんな形でも、白があるとやっぱり便利。綿のニット素材だから着心地も最高。

アフリカ柄で作ったクセありスカートと合わせて。白はどうしても汚れが目立つので、着倒すつもりでガンガン着ちゃう。

ハデ色ボーダーは
ポイントに

綿のニット素材で作った赤のボーダートップスで、着こなしにメリハリをつける。

もしもーし
もしもし?
あれ?
ん?

ニット素材×ボーダーでカジュアルなアイテムだけど、ウールのスカートを合わせればお仕事服に。

着いた
温泉入ろ♪
さて

襟なしのシャツと重ね着。ボトムスが少し細めのテーパードパンツだから、カジュアルになりすぎない。

あ、
ケータイ
忘れた…
おっと
サイフ忘れた

行って
きまーす

襟部分を追加して
ハイネックトップスに

襟つけするならニット素材で。これは黒に近いような、濃紺のウールニット。

ハイネックだけど、前で合わせるようにつけているので、襟もとにヌケ感が出る。秋冬に作ってみて。

Arrangement

襟をつけてみる

ニット素材で作ること

横地（伸びる方向）
襟（表）
16cm
襟ぐり周囲＋20cm

1 襟のパーツを切り出す。この時、長辺は横地で取る（バイアステープは不要）。

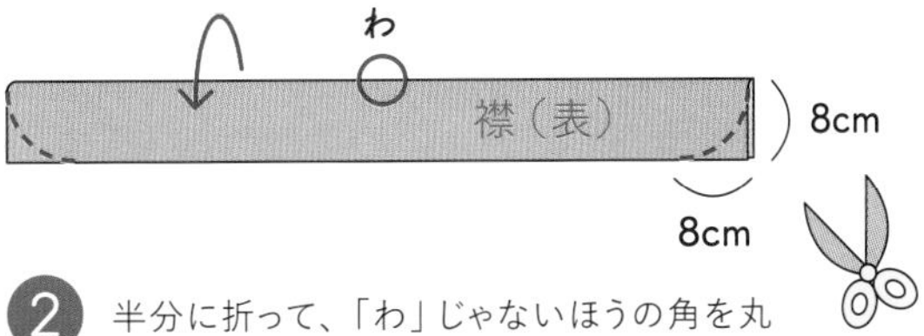
わ
襟（表）
8cm
8cm

2 半分に折って、「わ」じゃないほうの角を丸くカットする。

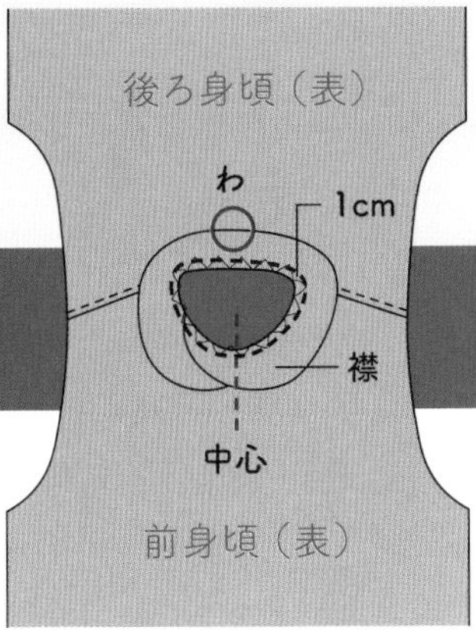
後ろ身頃（表）
わ
1cm
襟
中心
前身頃（表）

3 襟を、前身頃の中心から10cmずつ重ねて縫い、ほつれ止めをする。

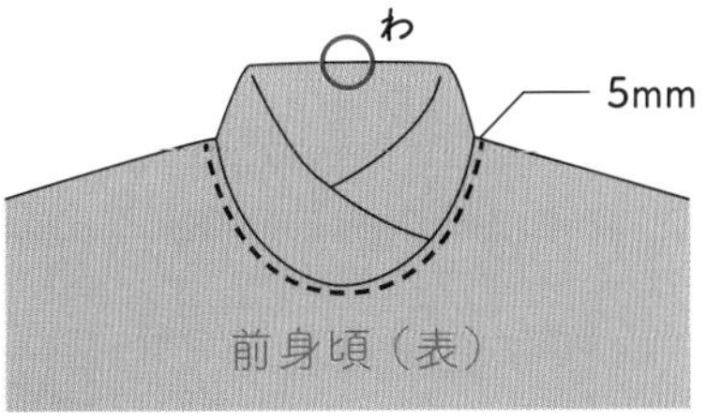
わ
5mm
前身頃（表）

4 襟を起こして、襟ぐりから5mmのところを縫う（縫い代を押さえるため）。

半袖のトップスも作ってみる

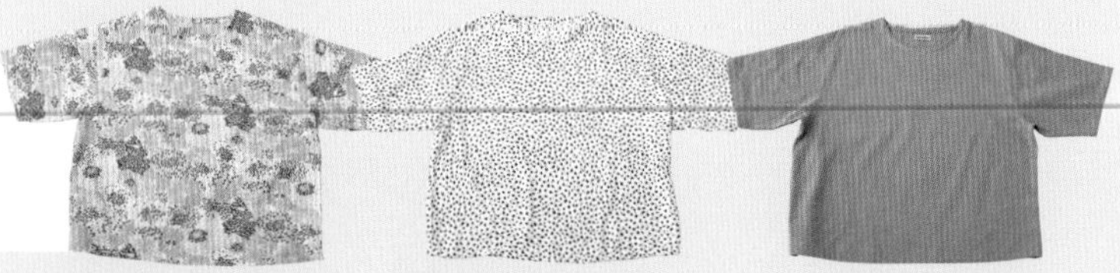

薄手の綿・ポリエステル混紡生地。半袖に仕立てるのにぴったり。

ランダム水玉模様のポリエステル100%。同じ形でも違った表情。

厚みがありやわらかい綿・麻生地。スカートも作ってセットアップに。

ポリエステルのツルッとした生地感は、オフィス仕様にもってこい。同じポリエステル素材のパンツに合わせてきちっと感をアップ。

綿・麻素材だから夏にもぴったり。爽やかな白デニムと合わせて旅に出たくなる!

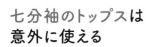

七分袖のトップスは意外に使える

セレモニー服などにも使われる、光沢のある薄手のウール素材。

ああ、コレ？
健康のために
お酢
飲んでます

伸びない素材だけど、重ね着もできるサイズ感。こうして着ればカジュアルに、P91のようにセットアップで着ればオケージョンに。

うふふ
うそだよー
もうし
先に行っちゃうよ

こんな珍しいプリント柄で作れば、唯一無二の服ができる！　他人とかぶることがない、これぞ、手作り服の醍醐味です。

Arrangement

袖の長さを変える

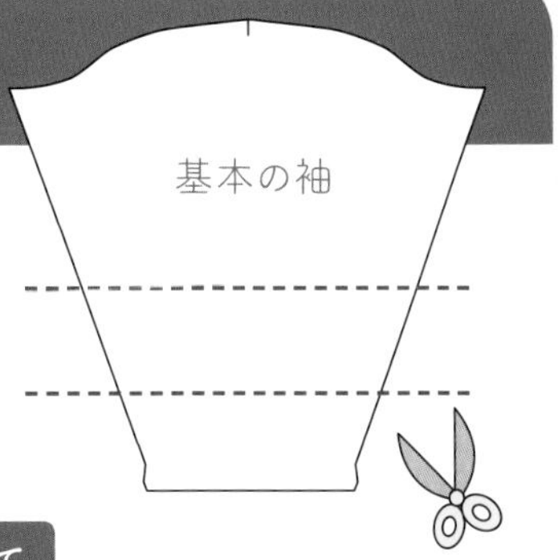

基本の袖

基本の袖を短くして、半袖や七分袖にアレンジ。

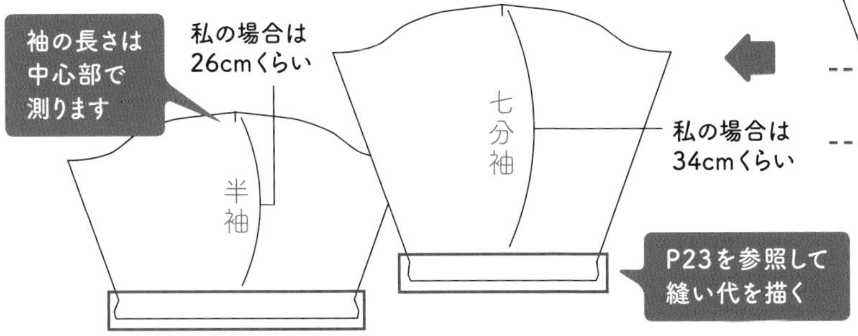

袖の長さは中心部で測ります
私の場合は
26cmくらい
半袖
七分袖
私の場合は
34cmくらい
P23を参照して縫い代を描く

意外に簡単、リバーシブルジャケット

袖つけをクリアしたら、次は前開きの服を作ってみましょう。なあに、簡単。要は前身頃を真ん中から2つにするだけです。

せっかく作るなら、表裏着られて一粒で二度おいしい、リバーシブルジャケットなんていかがですか？

大変そうだと思ったあなた、そんなことないんですよ。

実は、布端の処理が必要な一枚仕立てよりも、同じ形を縫い合わせるリバーシブルのほうが作り方はシンプルなんです。

難しいと思われがちなのは、表と裏の色柄のチョイス。

どんな色柄で合わせても、作ってしまえば案外しっくりきてしまうのがリバーシブルの面白いところではありますが、大人っぽく仕上げるなら、無地同士か、無地と柄の組み合わせがおすすめ。柄と柄はやはり、ハードル高めと心得ましょう。

Point

- **表も裏も、綿や麻やウールなど、いわゆる普通の布を使います。ポリエステルやキュプラは使いません**（68ページ参照）。
- **伸縮率が違う布を合わせると、洗濯した時に形が崩れてしまうことも。伸縮率をよく確認するか、水通しをしたほうが安心**（34ページ参照）。

Front

Back

ジャケットなのでハリのある素材で。最初に作るのは、あまり厚手すぎないほうが無難です。こちらは表が綿デニム、裏は麻の生地を使っています。

必要な布の丈　140cm幅で130cmを2枚（バスト85cm、着丈55cmの場合）

基本のプルオーバーをもとに型紙を作る

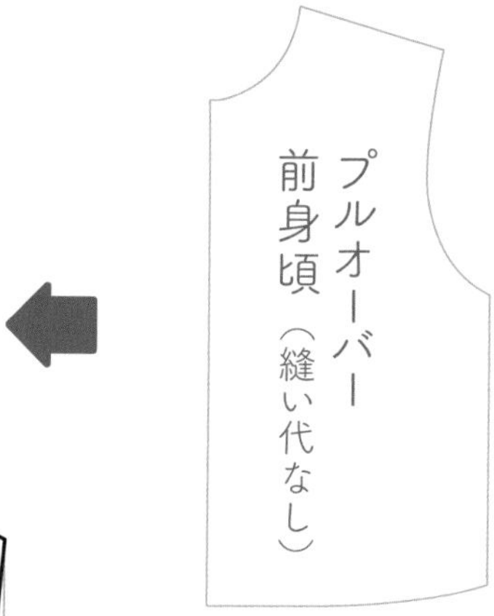
プルオーバー
前身頃（縫い代なし）

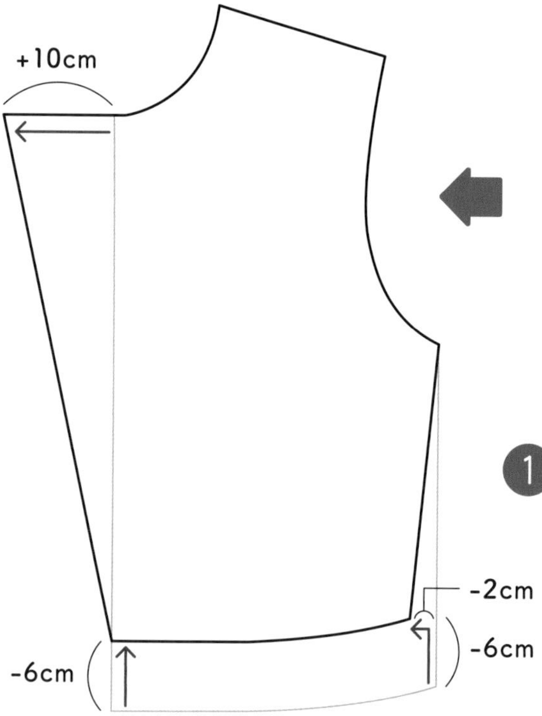
+10cm
-2cm
-6cm
-6cm

❶ プルオーバーの前身頃から、丈6cm、裾幅2cmを削り、襟ぐり線を10cm伸ばす。

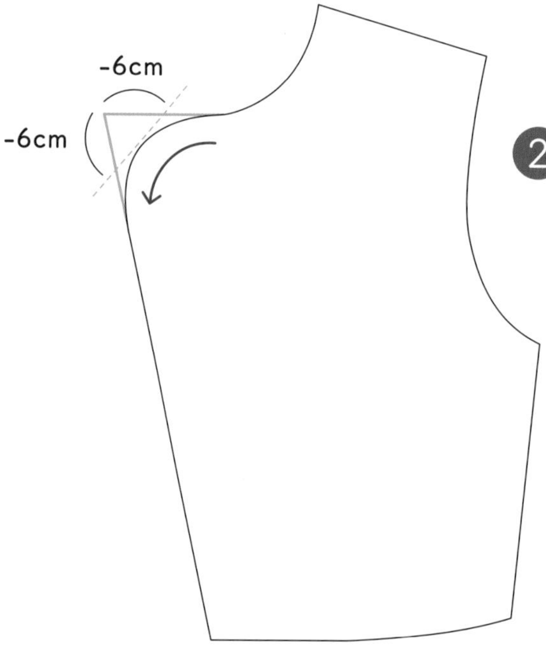
-6cm
-6cm

❷ 角を削り、自然な曲線を描く。

Short
jacket

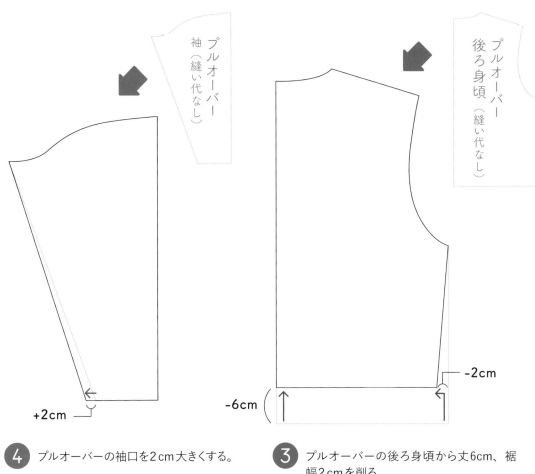

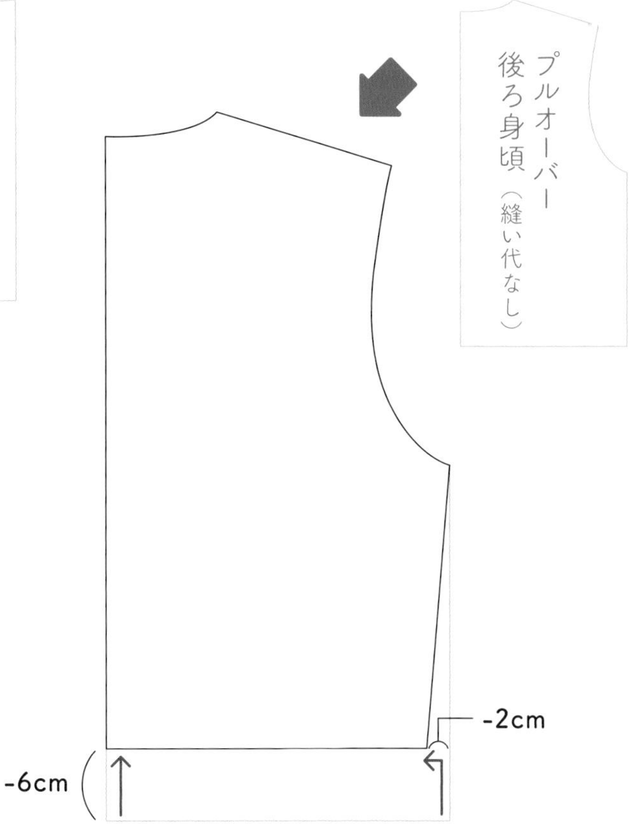
プルオーバー
後ろ身頃（縫い代なし）
-2cm
-6cm

3 プルオーバーの後ろ身頃から丈6cm、裾幅2cmを削る。

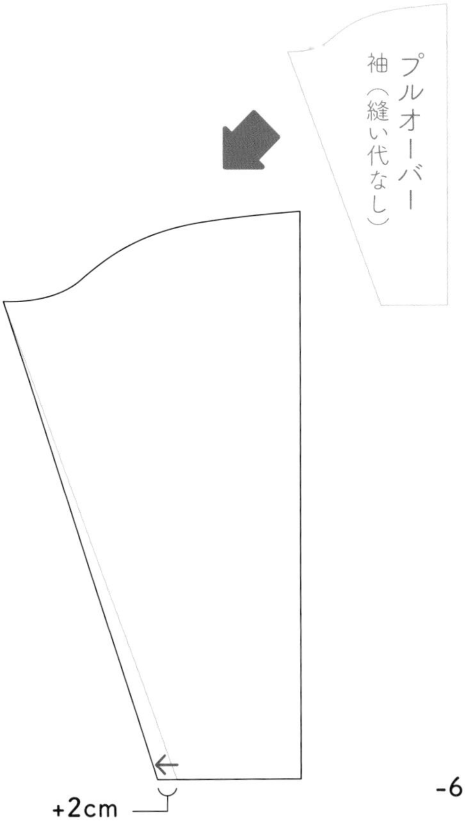
プルオーバー
袖（縫い代なし）
+2cm

4 プルオーバーの袖口を2cm大きくする。

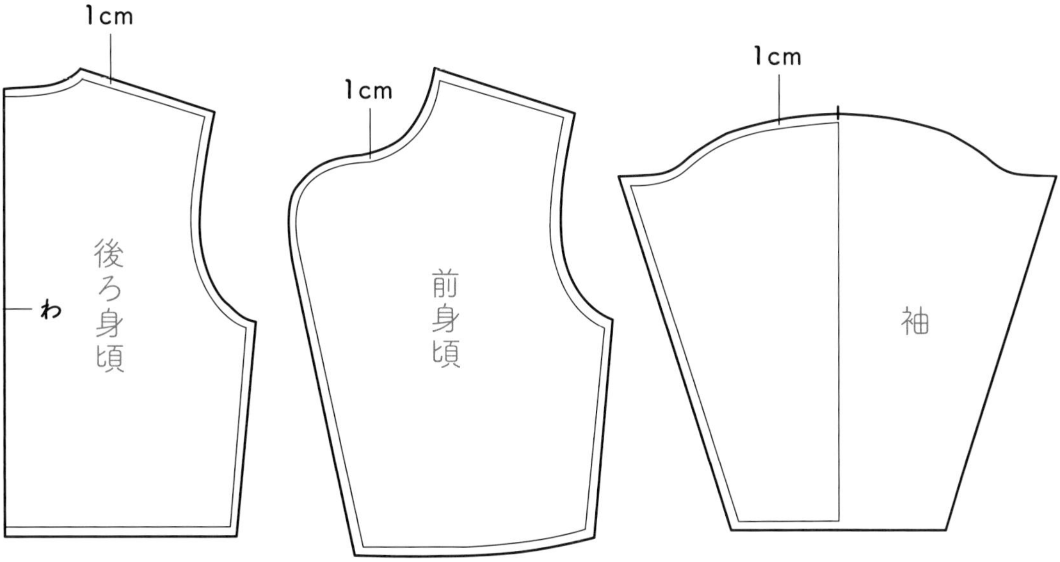
1cm
1cm
1cm
後ろ身頃
わ
前身頃
袖

5 周囲に1cmの縫い代を描く（わの部分は縫い代不要）。

裁断する

切り出すパーツの数

表地

- □ 前身頃×2
- □ 後ろ身頃×1
- □ 袖×2

裏地

- □ 前身頃×2
- □ 後ろ身頃×1
- □ 袖×2

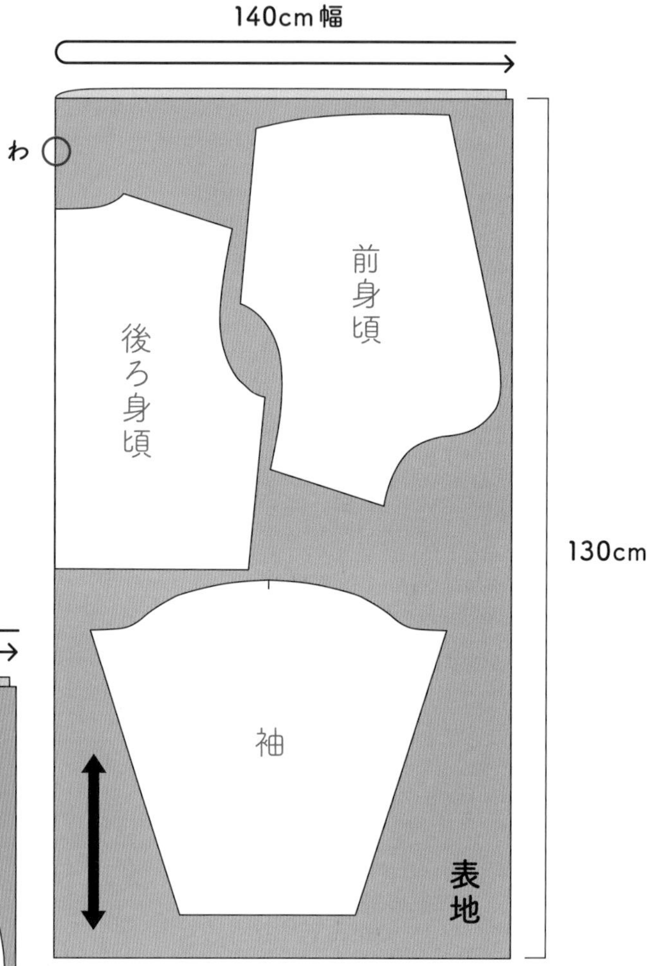

140cm幅
わ
前身頃
後ろ身頃
袖
表地
130cm

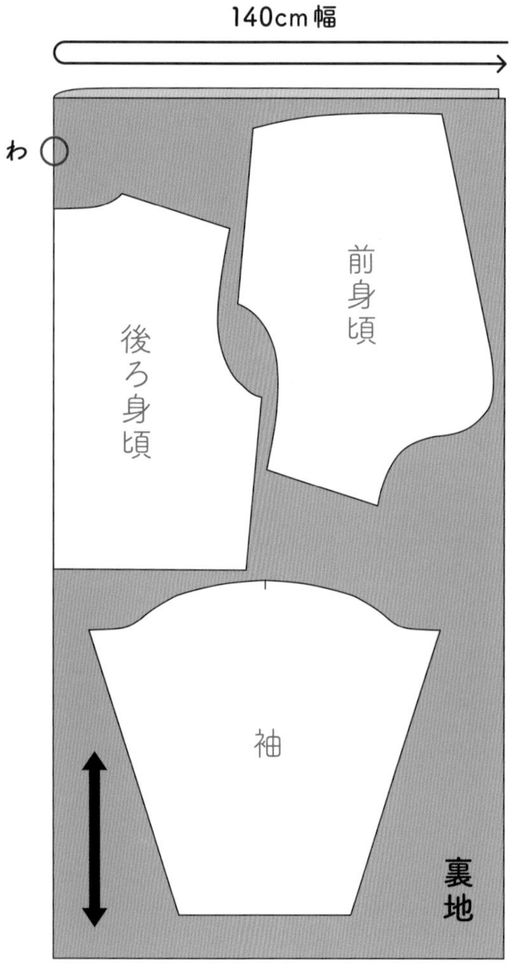

140cm幅
わ
前身頃
後ろ身頃
袖
裏地

布は表地と裏地2枚必要だよ

縫っていく

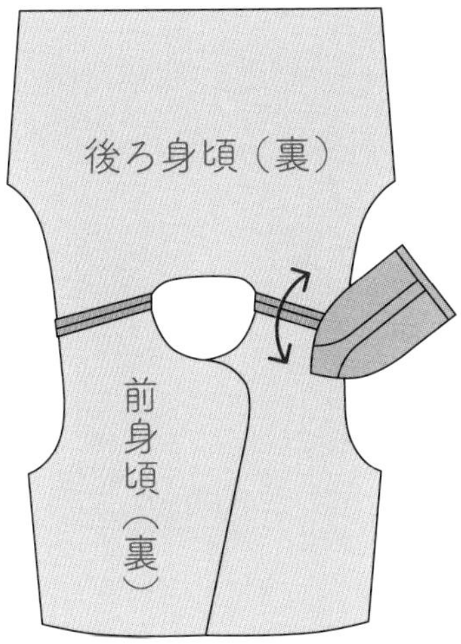
後ろ身頃（裏）
前身頃（裏）

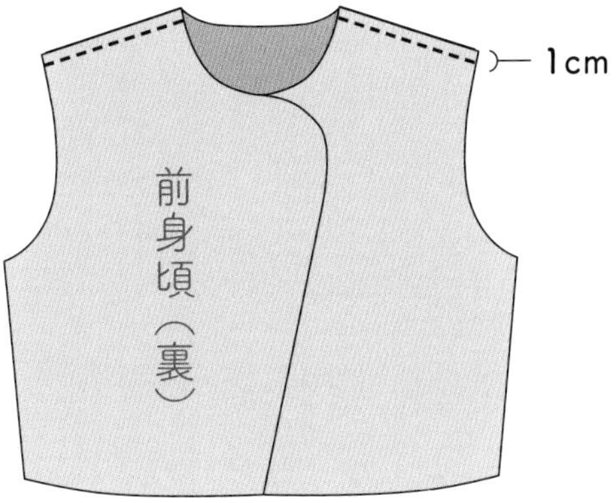
1cm
前身頃（裏）

❶ 前身頃と後ろ身頃を中表で合わせ、肩を縫い、縫い代を割る。

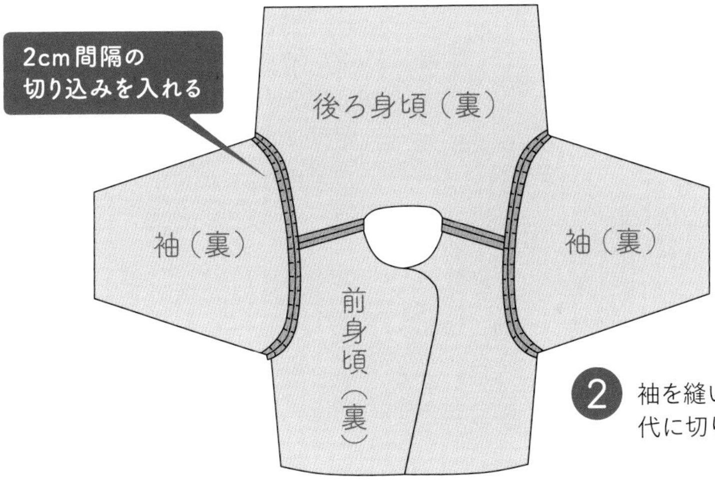
2cm間隔の
切り込みを入れる
後ろ身頃（裏）
袖（裏）
袖（裏）
前身頃（裏）

ドロップショルダーの
袖のつけ方を
参照してね

❷ 袖を縫い、縫い代を割る。袖ぐりは縫い代に切り込みを入れると割りやすい。

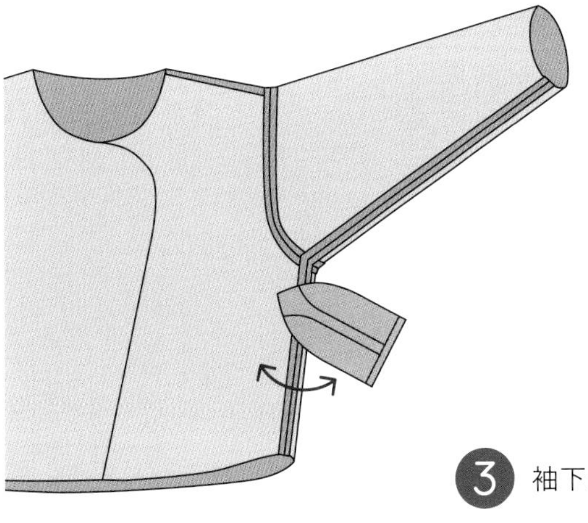

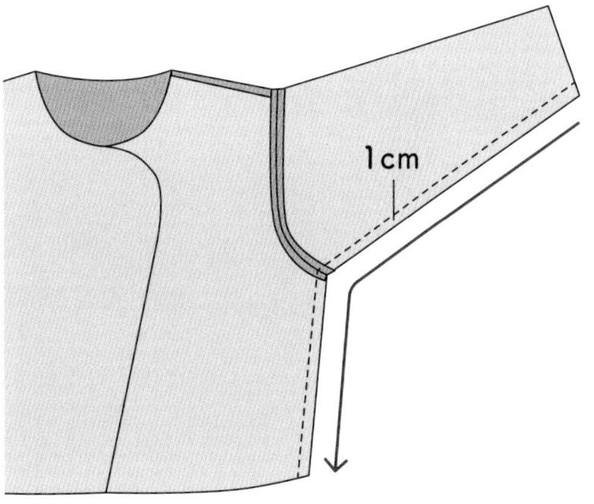
1cm

❸ 袖下から脇を続けて縫い、縫い代を割る。

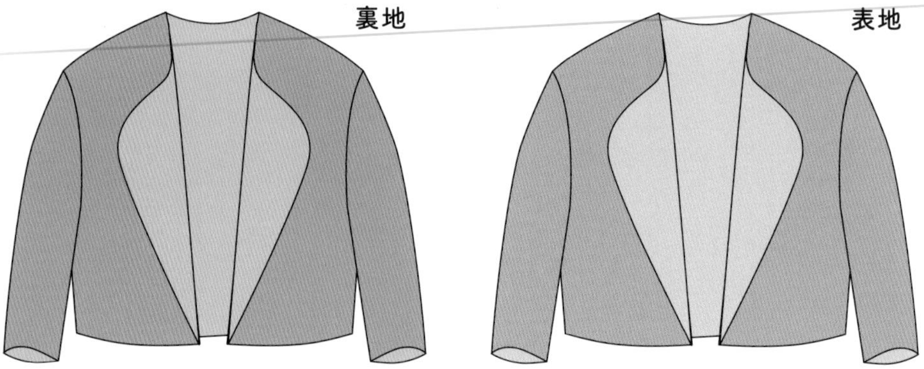
裏地
表地

1 同様に裏地も、肩→袖ぐり→脇の順に中表で縫い、縫い代はすべて割っておく（ほつれ止め不要）。

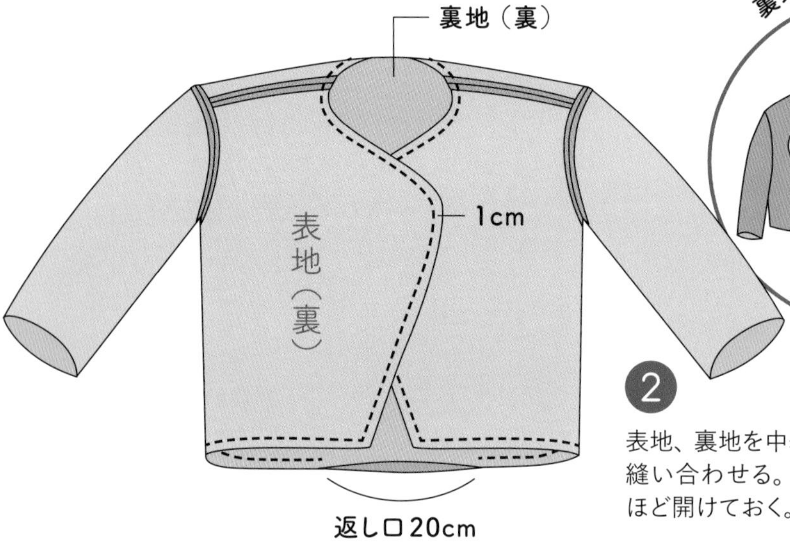
裏地（裏）
1cm
表地（裏）
返し口20cm

裏地に、表地を着せる
表地（裏）
裏地（表）

2 表地、裏地を中表で合わせ、袖口以外を縫い合わせる。この時、返し口を20cmほど開けておく。

切り込みは
1~2cm 間隔で

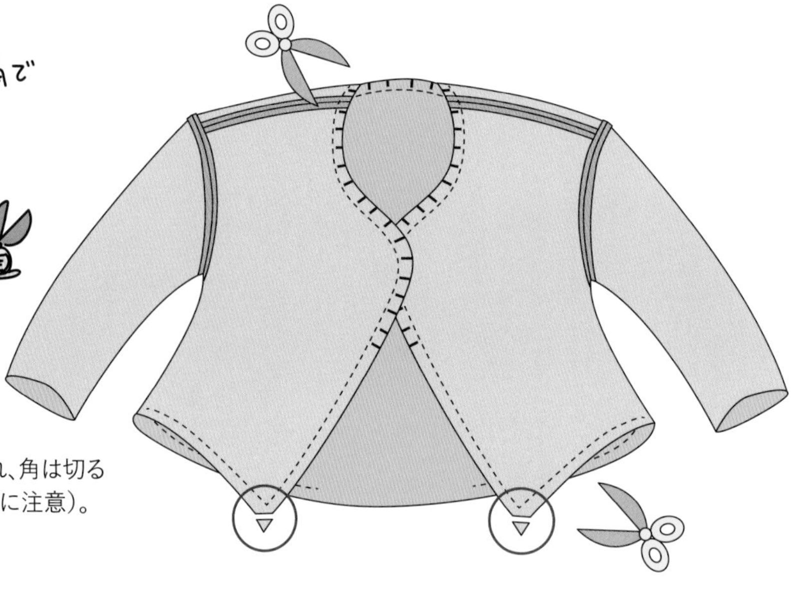

3 カーブに切り込みを入れ、角は切る（縫い目を切らないように注意）。

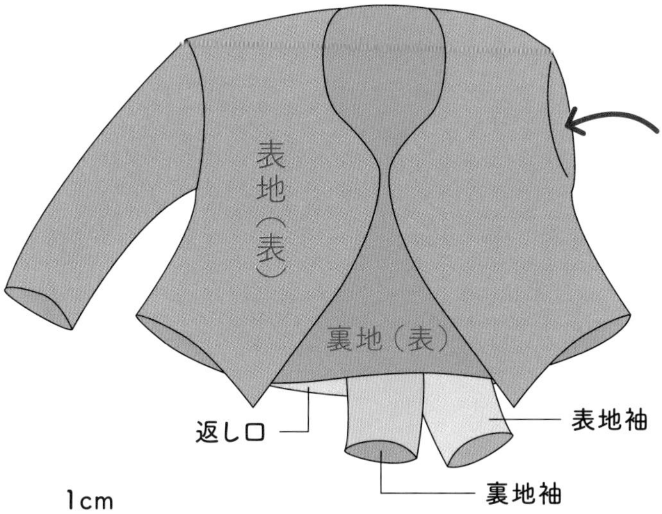
表地（表）
裏地（表）
返し口
表地袖
裏地袖

4 表に返して、返し口から袖を引っ張り出す。

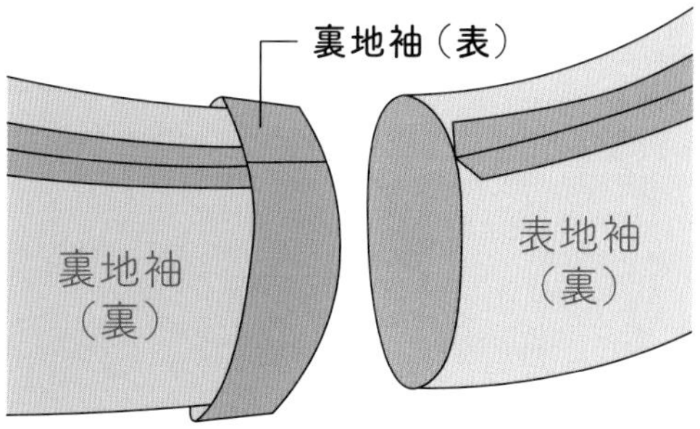
裏地袖（表）
裏地袖（裏）
表地袖（裏）

5 裏地袖を折り返し、表地袖の中に入れる（袖口が中表になる）。

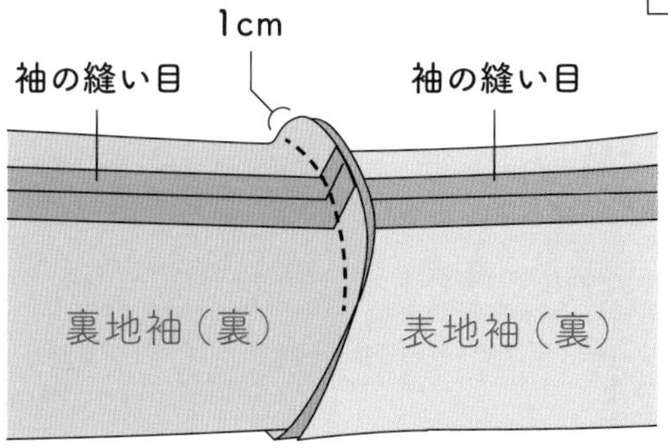
1cm
袖の縫い目
袖の縫い目
裏地袖（裏）
表地袖（裏）

6 袖の縫い目同士を合わせ、袖口周囲をぐるりと縫う（袖がねじれないように注意）。

できました♪

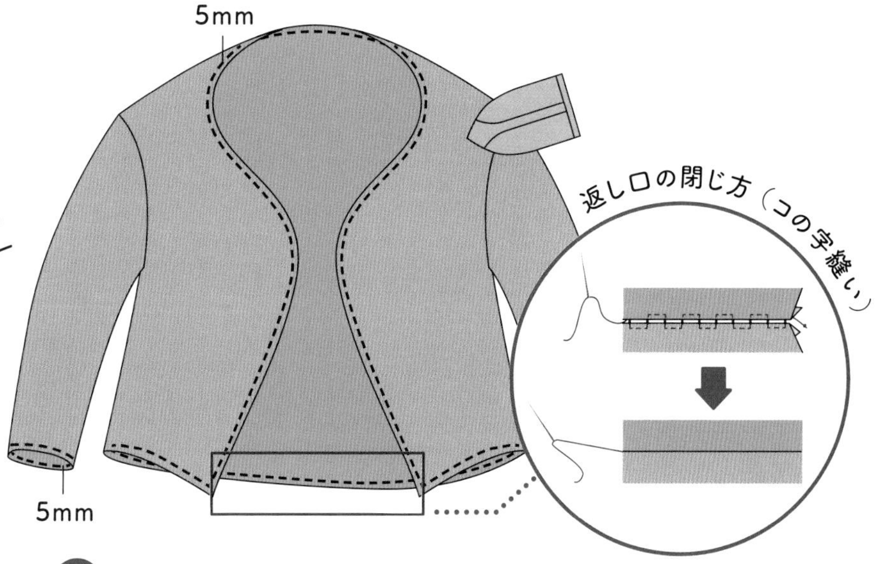
5mm
5mm
返し口の閉じ方（コの字縫い）

7 袖を表に返し、全体の形を整えたら、返し口を閉じて、周囲に5mmのステッチをかける。

縫い代の折り山に交互に針を刺し、ゆっくり糸を引っ張ると、角がピッタリと縫い合わさる。

Arrangement

いろんな布で作ってみました!

袖口はひと折りして、わざと裏の生地を見せるのがおすすめ。中に合わせるシャツは、襟なしのほうがすっきり着られる。

裏に柄ものを使うとコントラストが楽しい

前ページで作ったジャケット。ストライプ生地は麻なのでさらりとした着心地。

裏地を表にして着るとこんな感じ。襟を広げずに、ブローチなどで留めると違った表情の着こなしができる。

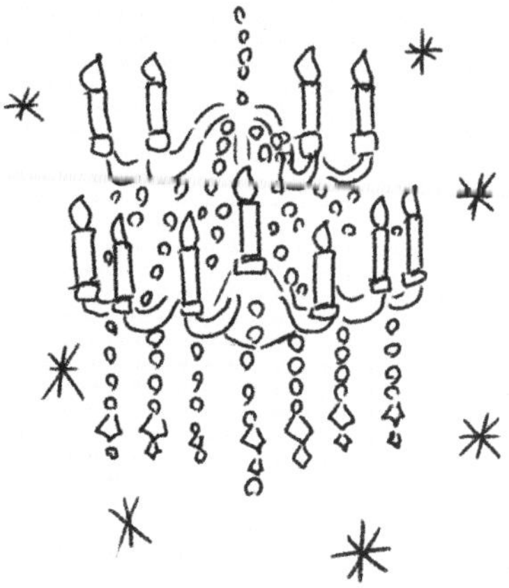

茶色は少し光沢のあるウール素材だから、シンプルな黒ワンピースにばさっと羽織って、オケージョン服として使える。

色と素材次第で ドレッシーな装いに

茶色は薄手のウール、黒は綿・麻素材。季節を問わず使える1着に。

新しいパン屋さん発見!

BOULANGERIE

黒は綿・麻なので少しカジュアルな印象に。同じ綿や麻の素材で作ったカットソー&パンツと合わせて相性よし。

COLUMN

シロウト洋裁的「裏地」のつけ方

裏地の難しさは、「キセ」をかけることにあります。

お手持ちの裏地付きアウターを見てもらえばわかると思いますが、裏地には、身頃や脇にゆとりが作られています。これが「キセ」。

もし、「キセ」をかけずに表地と同じサイズで裏地を作ってしまうと、動きづらかったり、最悪の場合、裏地が破れてしまうことも……。

表地とは、綿や麻やウールなど、いわゆる普通の布。これらは、ニットほどは伸びませんが、それでも動きに合わせて多少の伸縮があります。

一方、ポリエステルやキュプラといったツルッとした光沢のある素材は、表地と比べて伸縮しない性質があります。

そのため、表地の動きについていけず、つっぱったり破れたりするというわけです。

ところが、リバーシブルの服には「キセ」がかかっていません。

裏地と同じく、2枚の布を貼り合わせた服ですが「キセ」がなくても問題なし。

これは、使う布にヒントがあります。

リバーシブルの場合、裏側の布にも表地が使われています。

どちらも伸縮性があるので、表裏を同じサイズで作っても動きを妨げることがないのです。

今回紹介するアウターは、このリバーシブル服の作り方で作っています。

裏地用の型紙を別に作ることなく、「キセ」をかける難しさもスルー。
本格的な裏地のつけ方とは違いますが、シロウト洋裁的には、見た目、機能ともに十分だと思うのです。

両面表地を
使えば
キセなしでも
動きはスムーズ

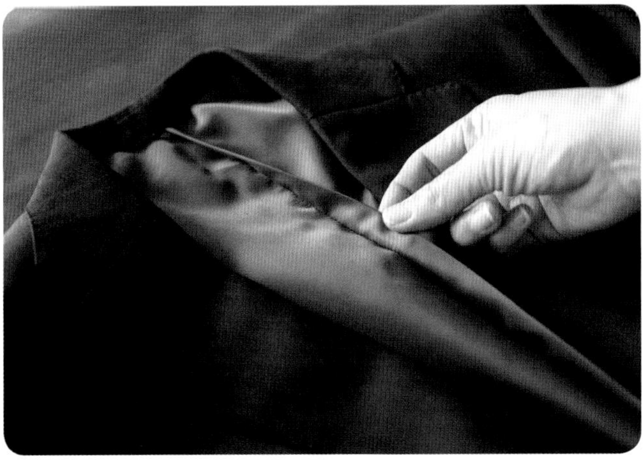
伸縮性のない裏地にはキセをかける必要がある。

ツルツルした素材はシロウトには難易度が高く、縫いづらい。今回は使わない（写真はすべてキュプラ）。

いわゆる裏地用の布ではなくても、着心地が悪いということはありません（写真は左から、麻、綿、ウール）。

PART 3

これぞ万能!

テーパードパンツ

私が初めて服らしきものを作ったのは、パジャマのズボンを解体して型をとったゴムパンツ、つまり部屋着のステテコでした。それから一体何十本、いや何百本のパンツを作ってきたことか！　研究に研究を重ね、ウエストゴムなのにスッキリ、きちんと見える究極のパンツ、それがこのテーパードパンツです。

これさえあればOKの万能ボトムス

裾に向かって細くなったテーパードパンツは、カジュアルにもドレッシーにも使える便利なアイテム。

ところで、裾に向かって細くなるって、いったい何センチが正解なんだろう？

このレシピを作るにあたっていろいろと悩んだ結果、ふくらはぎの太さでいいんじゃない？ という結論に。

膝下で一番太い部分が通る幅なら、しゃがんだ時もふくらはぎの部分がパツパツになることもありませんから。

自分のサイズを当てはめて作ったパンツは、動きやすく快適です。楽ちんなのに、作る布次第ではオケージョンやセレモニーにだって使えるパンツになりますよ。

そして、ボトムスにはついてないと困るのがポケット。シロウト洋裁といえども、そこを省くと途端に使えない服になってしまいます。

洋裁ビギナーにとっては難しいと敬遠されがちなポケットですが、案外簡単につけられるのです。

だまされたと思って、レッツチャレンジ！

Point

- 薄手のペラペラな生地を使うと、部屋着っぽい仕上がりに。ある程度厚みのある生地をチョイスしましょう。
- 紐つきのパンツにアレンジする時はゴムの幅を2㎝にするので注意。

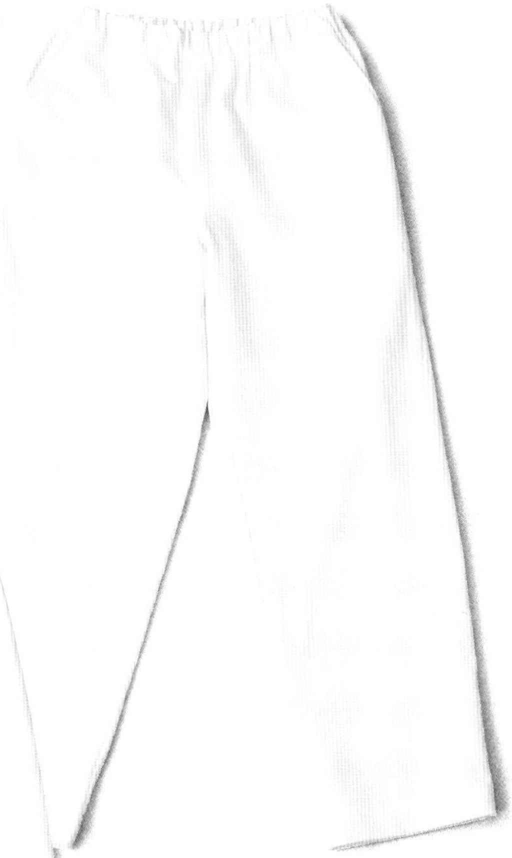

最初に作ってみるなら綿素材がおすすめ。こちらはホワイトデニム生地なので、下着が透けない、ほどよい厚み。

必要な布の丈　110cm幅で230cm（ヒップ96cm、股下66cmの場合）

基本のテーパードパンツを作りましょう!

型紙を作る

X＝（ ヒップサイズ ＋4cm）÷4
Y＝ ふくらはぎ周囲 ÷4

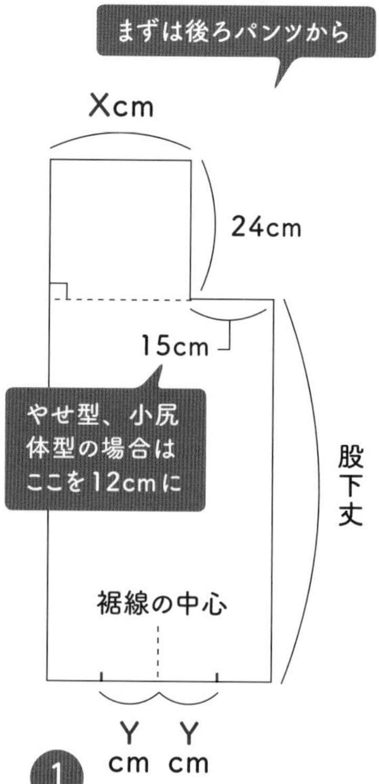

まずは後ろパンツから
Xcm
24cm
15cm
やせ型、小尻体型の場合はここを12cmに
股下丈
裾線の中心
Y cm
Y cm

1 自分サイズを当てはめた図形を描く。裾線の中心から両脇にYcmの位置に印をつけておく。

2 図形をもとに、後ろパンツの形を描く。股ぐり線を3cm上げた位置からウエストラインまでxcmの線を引く。

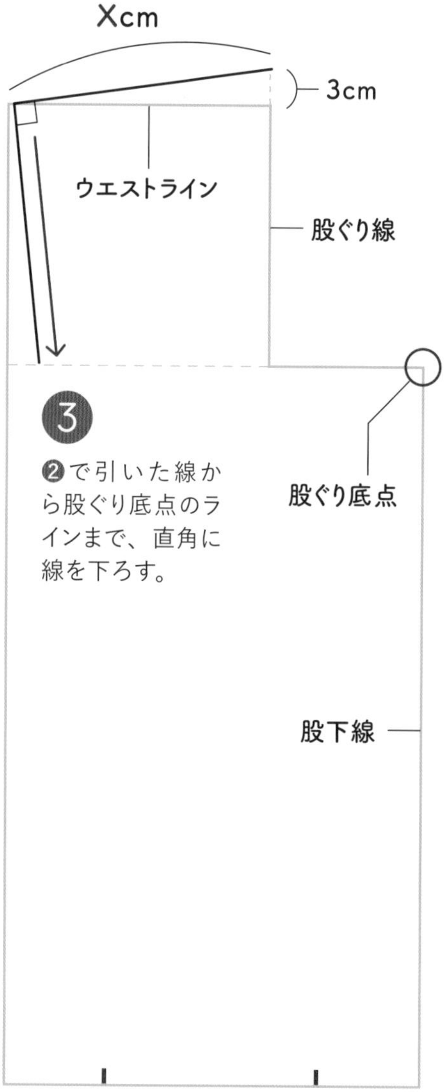

Xcm
3cm
ウエストライン
股ぐり線
股ぐり底点
股下線

3 ❷で引いた線から股ぐり底点のラインまで、直角に線を下ろす。

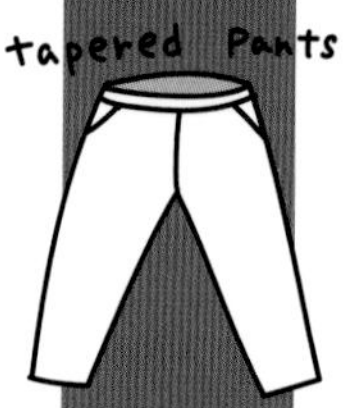

tapered Pants

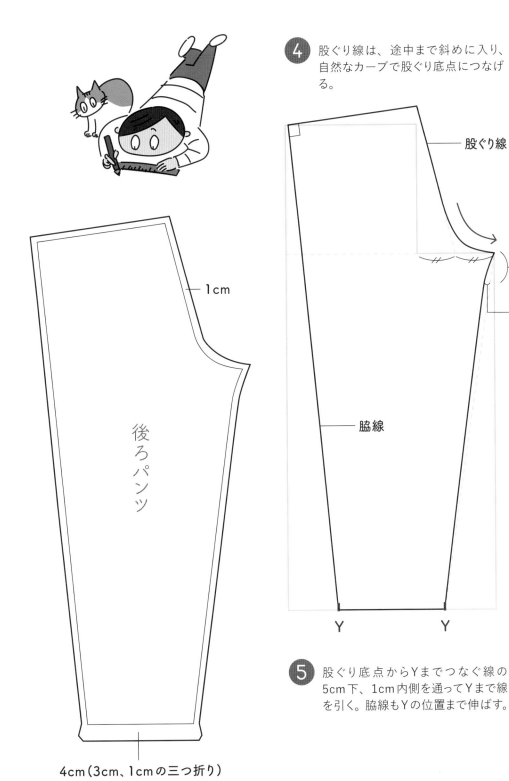

4 股ぐり線は、途中まで斜めに入り、自然なカーブで股ぐり底点につなげる。

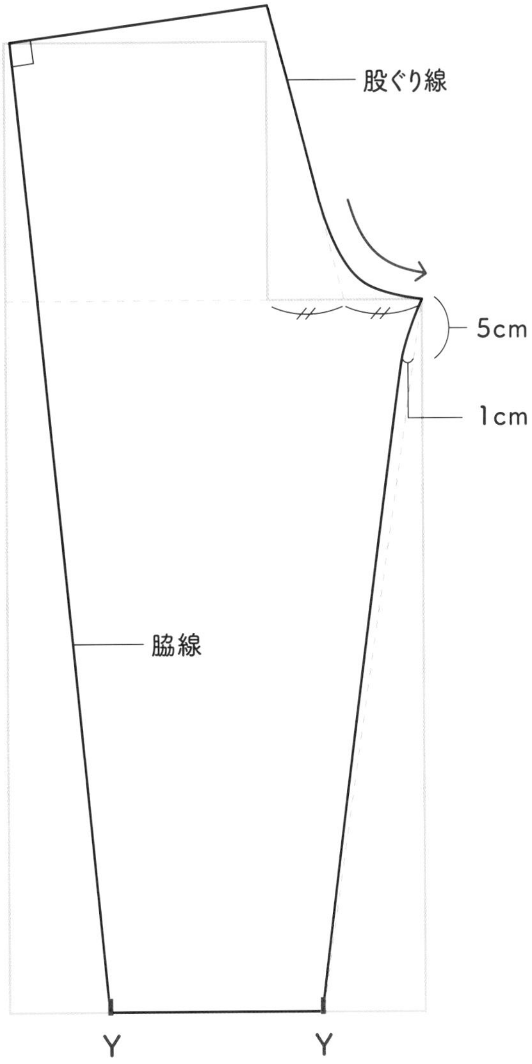
股ぐり線
5cm
1cm
脇線
Y
Y

5 股ぐり底点からYまでつなぐ線の5cm下、1cm内側を通ってYまで線を引く。脇線もYの位置まで伸ばす。

1cm
後ろパンツ
4cm（3cm、1cmの三つ折り）

6 裾は4cm、他は1cmの縫い代を描く。後ろパンツ完成。

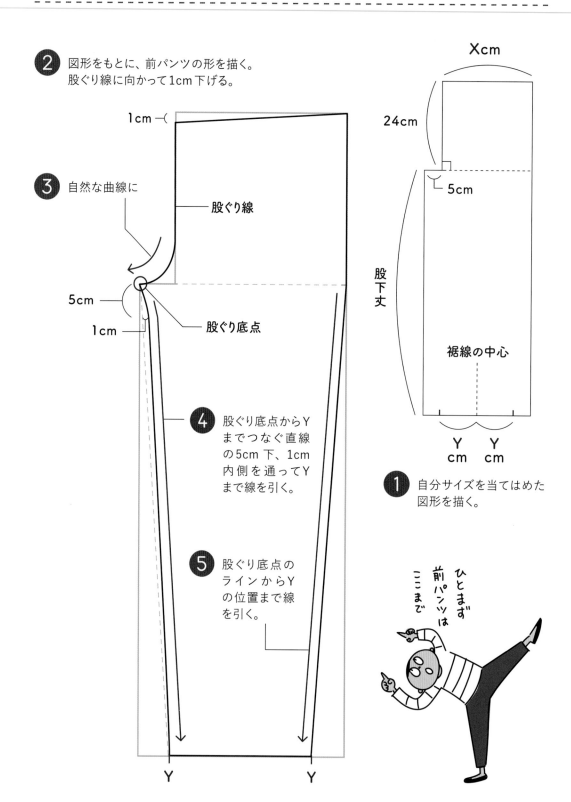

前パンツを描く

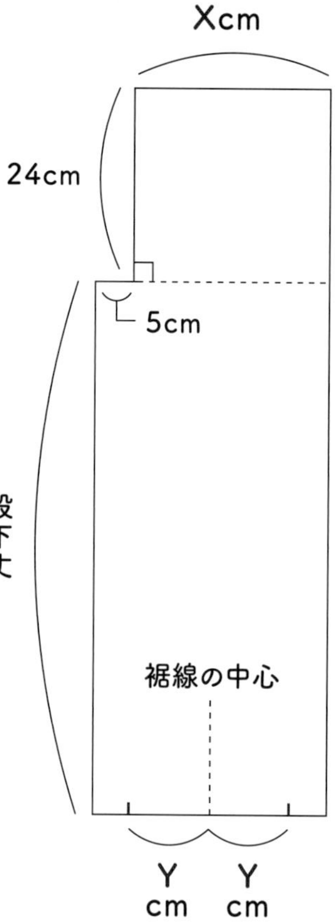
Xcm
24cm
5cm
股下丈
裾線の中心
Y
cm
Y
cm

❶ 自分サイズを当てはめた図形を描く。

❷ 図形をもとに、前パンツの形を描く。股ぐり線に向かって1cm下げる。

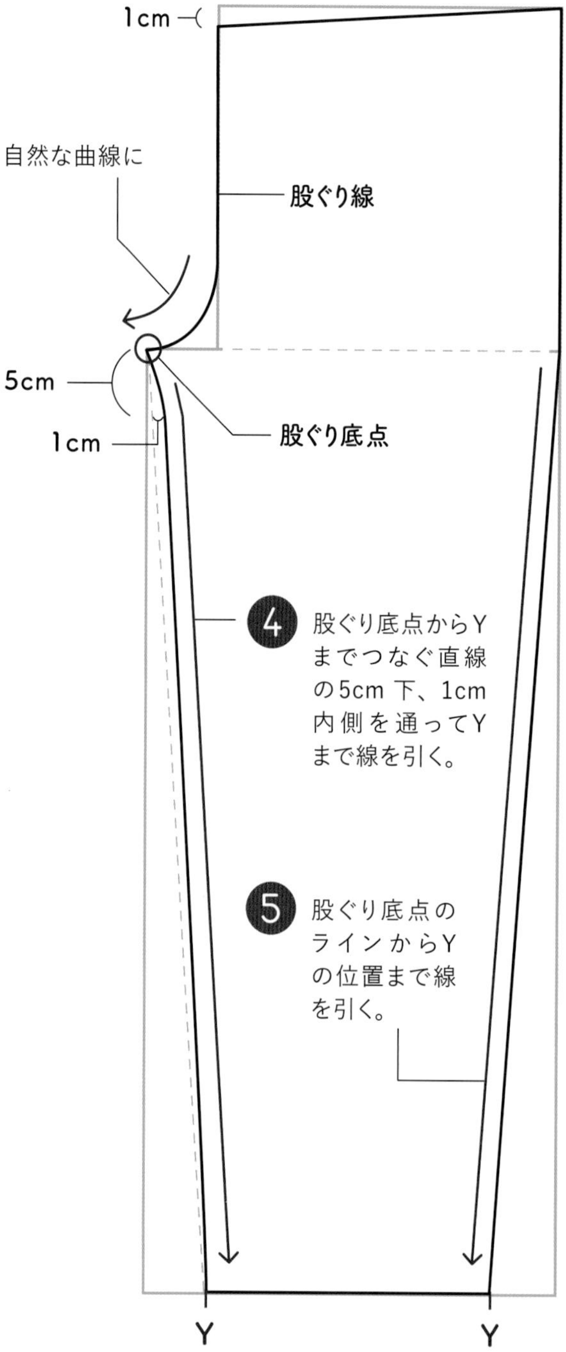
1cm
股ぐり線
5cm
1cm
股ぐり底点
Y
Y

❸ 自然な曲線に

❹ 股ぐり底点からYまでつなぐ直線の5cm下、1cm内側を通ってYまで線を引く。

❺ 股ぐり底点のラインからYの位置まで線を引く。

ひとまず
前パンツは
ここまで

前パンツをもとにポケットを描く

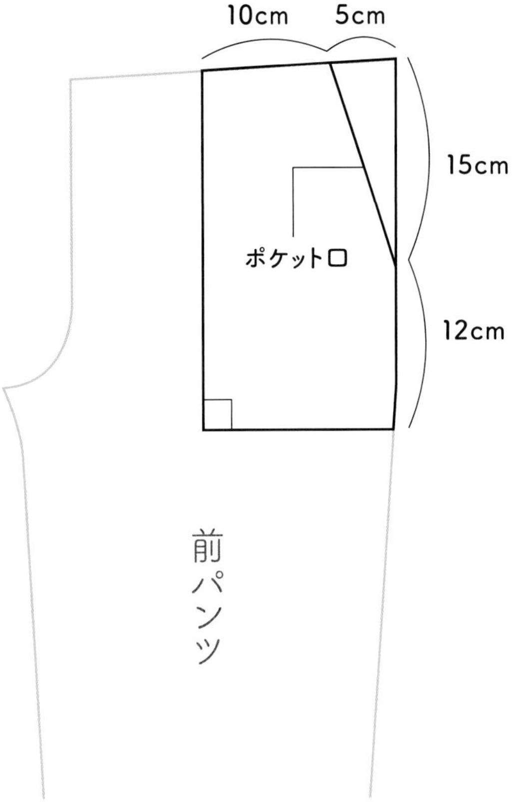
10cm
5cm
15cm
ポケット口
12cm
前パンツ

❶ 前パンツに直接ポケットの形を描き込む。

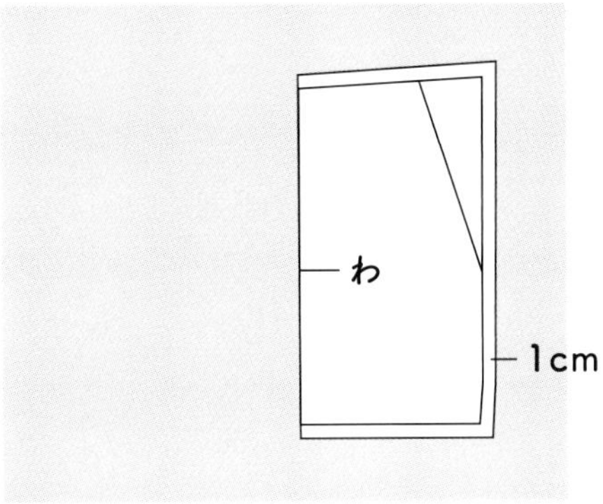
わ
1cm

❷ 別紙にポケットを写し、1cmの縫い代を描く。

❸ 二つに折って、カットする。

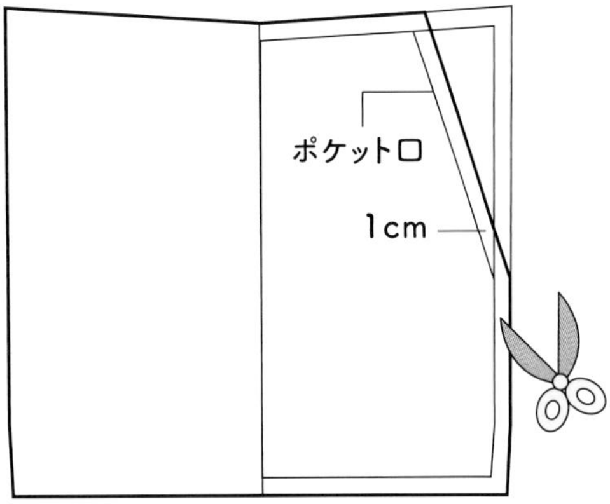
ポケット口
1cm

❹ ポケット口に1cmの縫い代を描き、カットする。

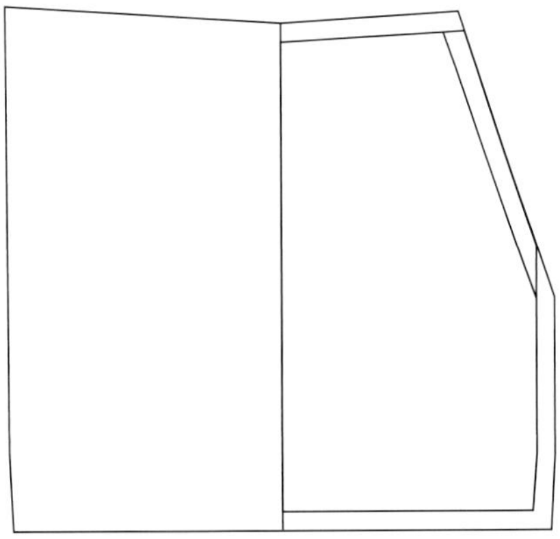

❺ ポケットの型紙完成!

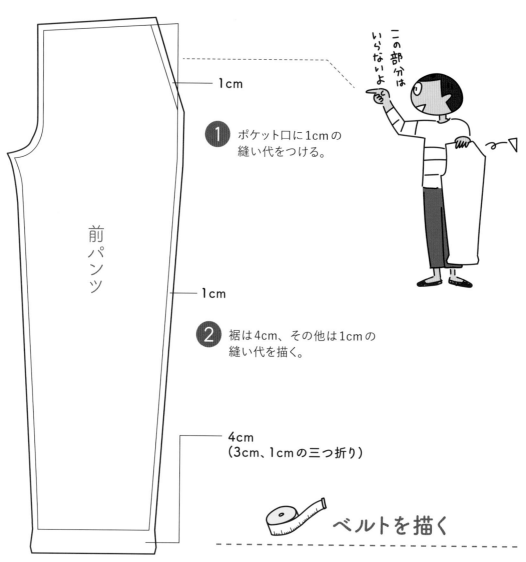

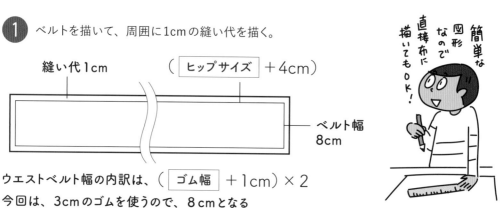

前パンツに縫い代線を描く

1cm
前パンツ
1cm
4cm
(3cm、1cmの三つ折り)

この部分はいらないよ

❶ ポケット口に1cmの縫い代をつける。

❷ 裾は4cm、その他は1cmの縫い代を描く。

ベルトを描く

❶ ベルトを描いて、周囲に1cmの縫い代を描く。

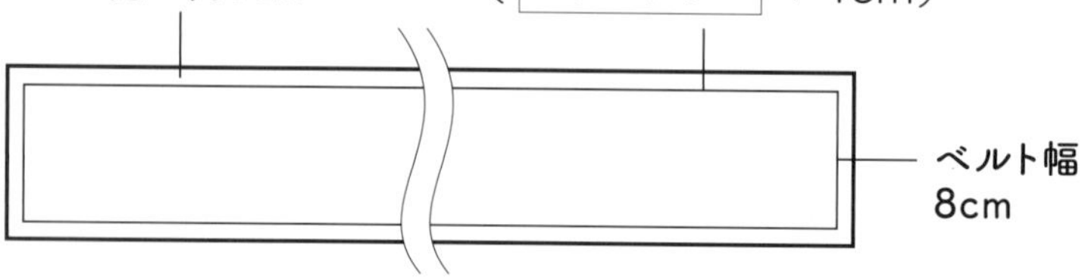
縫い代1cm
(ヒップサイズ ＋4cm)
ベルト幅
8cm

簡単な図形なので直接布に描いてもOK!

ウエストベルト幅の内訳は、(ゴム幅 ＋1cm) × 2
今回は、3cmのゴムを使うので、8cmとなる

裁断する

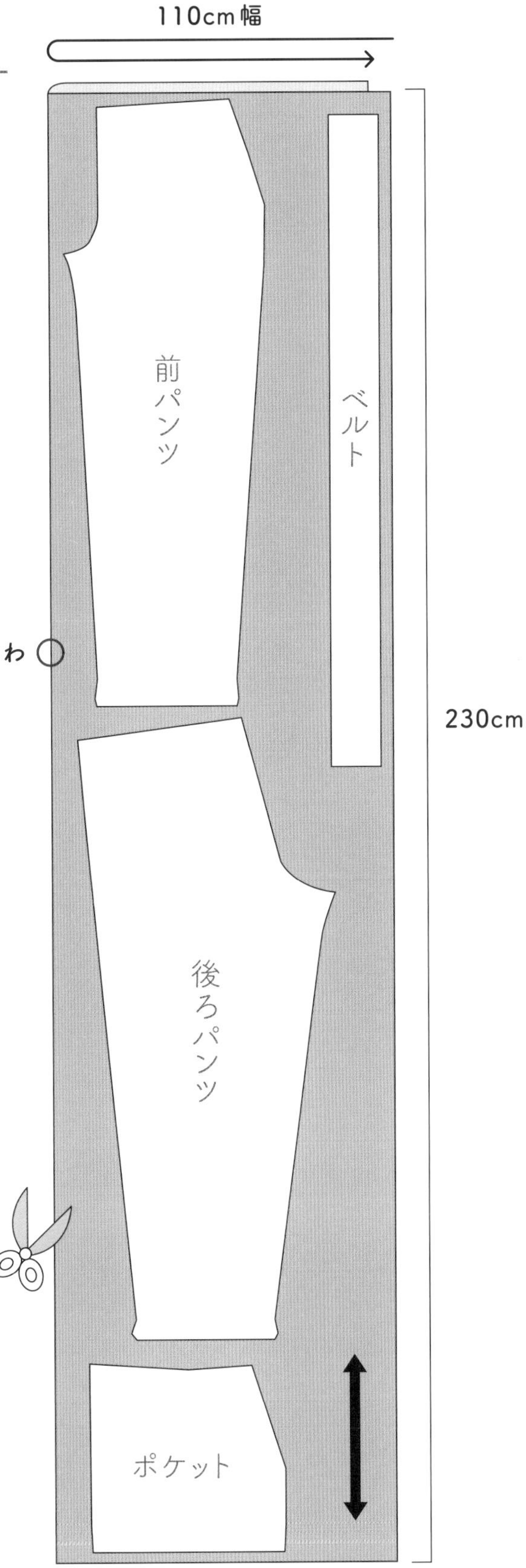

110cm幅
前パンツ
ベルト
わ
230cm
後ろパンツ
ポケット

切り出すパーツの数

- □ 前パンツ×2
- □ 後ろパンツ×2
- □ ベルト×1
- □ ポケット×2

必要なもの

- □ 伸び止めテープ 17cm×2
- □ 平ゴム（3cm幅）
  ウエストサイズ－5cm

パーツは、生地に対して直角または平行に配置する。パンツは裾を生地に対して直角に配置。

ヒップ96cm
股下66cmで
作った場合の
参考例。
サイズによっても
違うので、あくまで
参考程度に。

ポケットを縫いつける

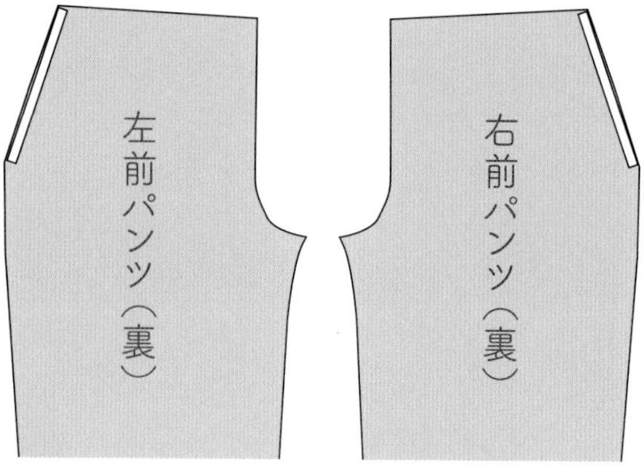
左前パンツ（裏）
右前パンツ（裏）

❶ 前パンツのポケット口に伸び止めテープを貼っておく。

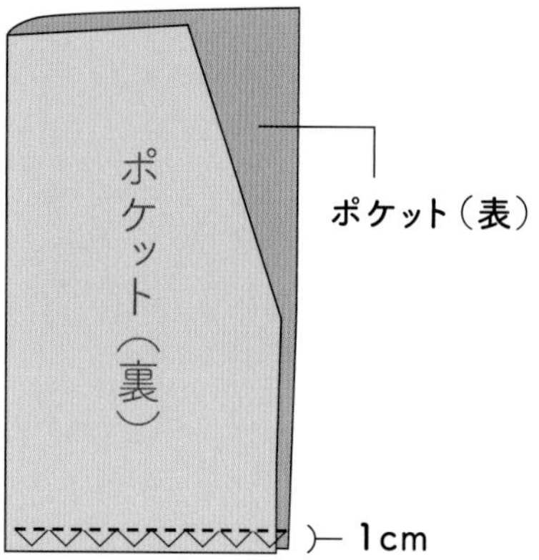
ポケット（裏）
ポケット（表）
1cm

❷ ポケットを中表に折り、底を縫ってほつれ止めをする

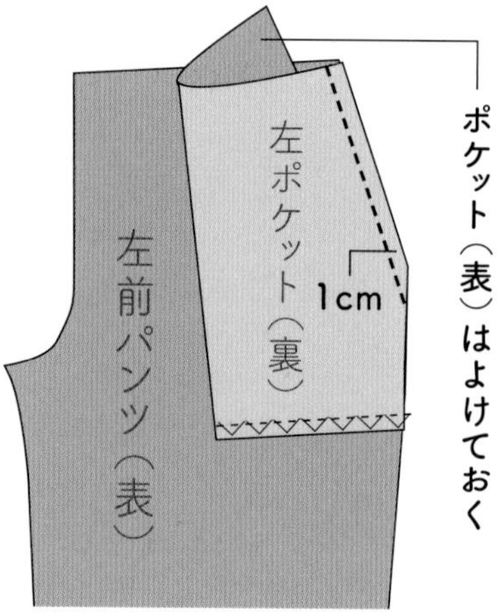
左ポケット（裏）
1cm
左前パンツ（表）
ポケット（表）はよけておく

❸ 前パンツとポケットのポケット口を中表で縫い合わせる。

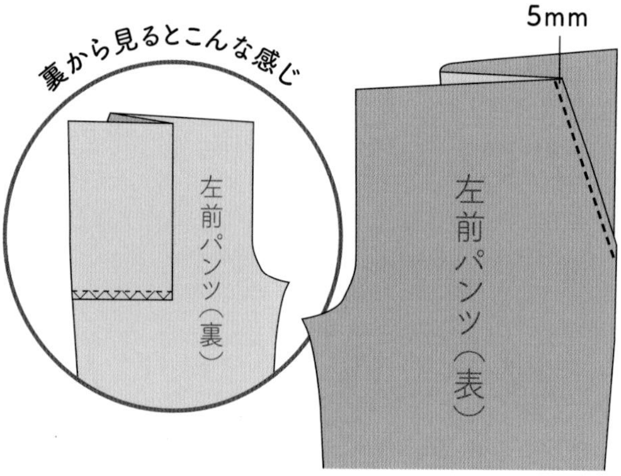
裏から見るとこんな感じ
左前パンツ（裏）
5mm
左前パンツ（表）

❹ 表に返し、アイロンで形を整えたら端から5mmのところを縫う。

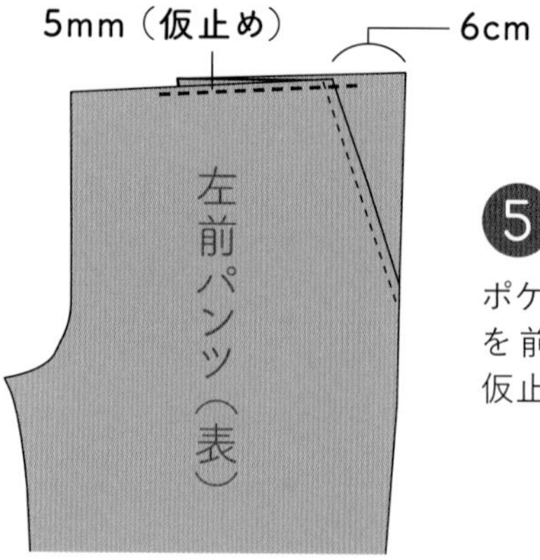
5mm（仮止め）
6cm
左前パンツ（表）

❺ ポケットの上端を前パンツに仮止めする。

右前パンツ（表）

❻ 右前パンツも同じようにポケットをつける。

前パンツと後ろパンツを縫い合わせる

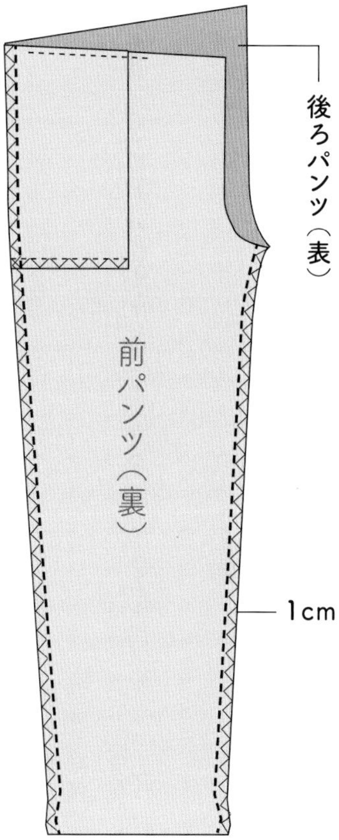
後ろパンツ（表）
前パンツ（裏）
1cm

❶ 前パンツと後ろパンツを中表で合わせ、脇と股下を縫い、ほつれ止めをする。縫い代は後ろパンツ側へ倒してアイロンをかける。

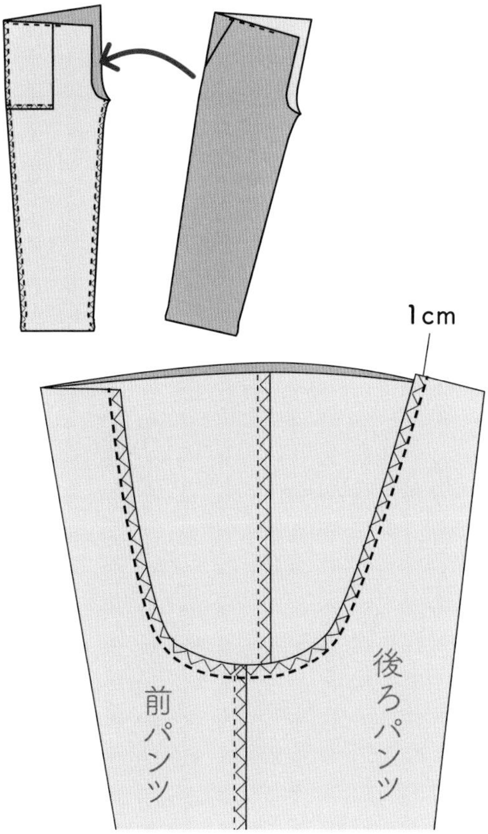
1cm
前パンツ
後ろパンツ

❷ 片足を表に返し、もう一方の足に入れ、中表にする。股ぐりを縫い合わせてほつれ止めをする。

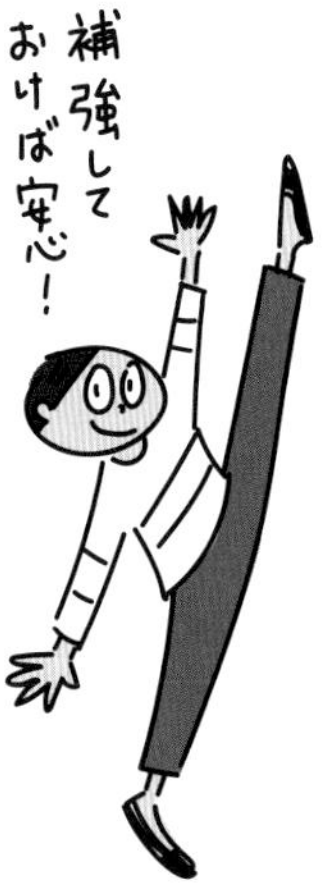
補強しておけば安心！

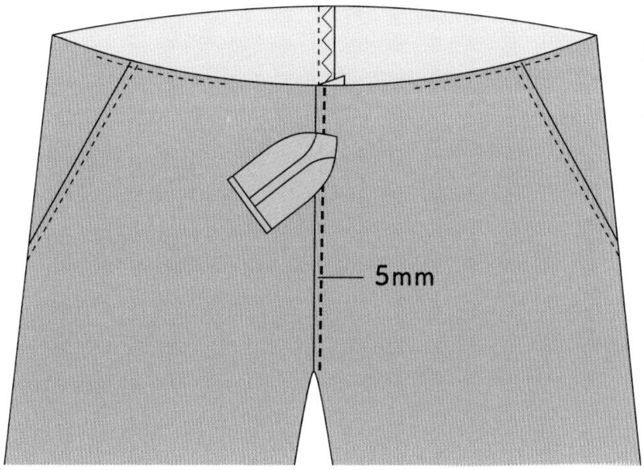
5mm

❸ 股ぐりの縫い代を片側へ倒してアイロンをかけ、5mmのところをステッチ（補強のため）。

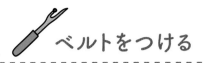

ベルトをつける

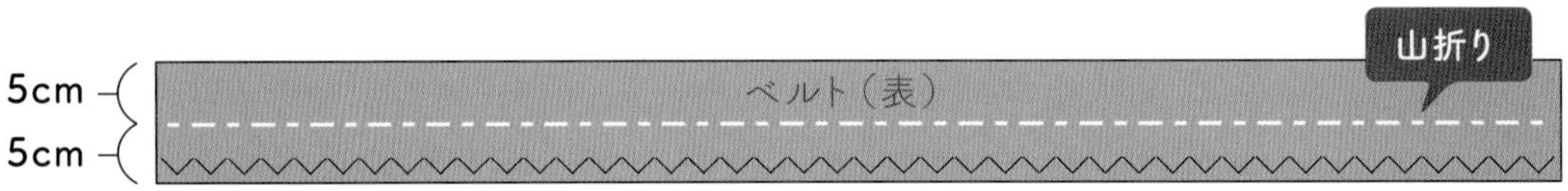
5cm
5cm
ベルト（表）
山折り

❶ ベルトの半分のラインにアイロンで折り目をつけておく

❷ ベルトの一辺にほつれ止めをしておく

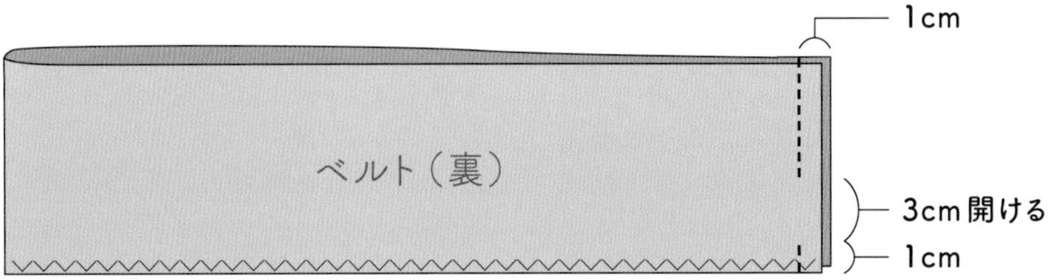
1cm
ベルト（裏）
3cm 開ける
1cm

❸ ベルトの端を合わせ中表にして、ほつれ止めした側を1cm縫う。3cm開けて、残りを縫う。

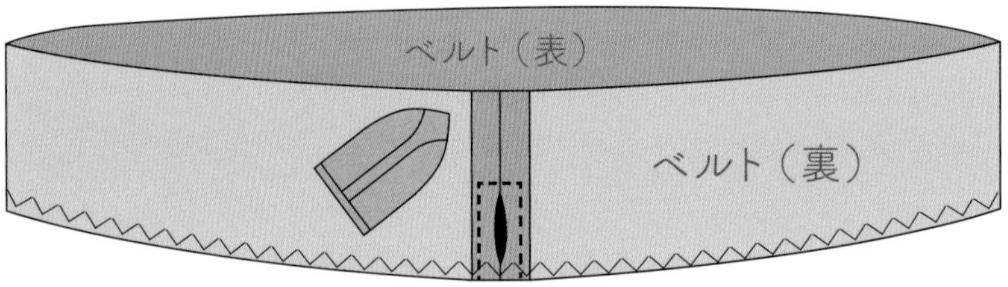
ベルト（表）
ベルト（裏）

❹ 縫い代を割ってアイロンをかけ、開きの周囲を縫う。

❺ ベルトのほつれ止めをしていない側と、パンツを中表で縫う。

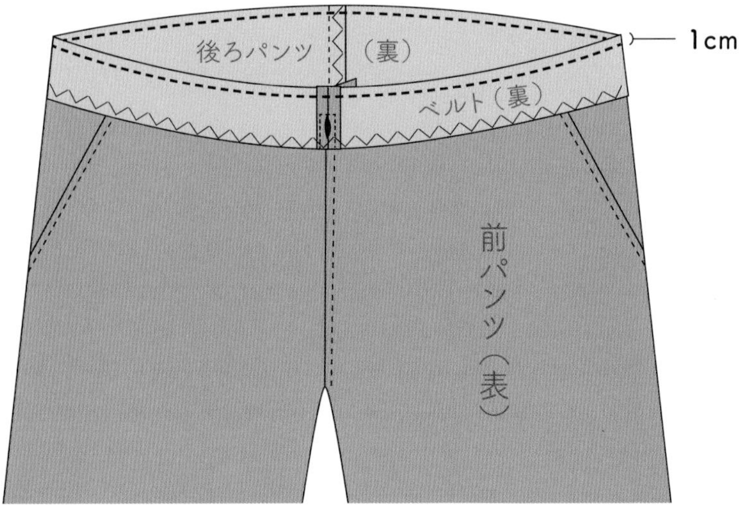
1cm
後ろパンツ（裏）
ベルト（裏）
前パンツ（表）

6 ベルトを折り目から折り返し、表からベルトのすぐ下1mmを縫う。

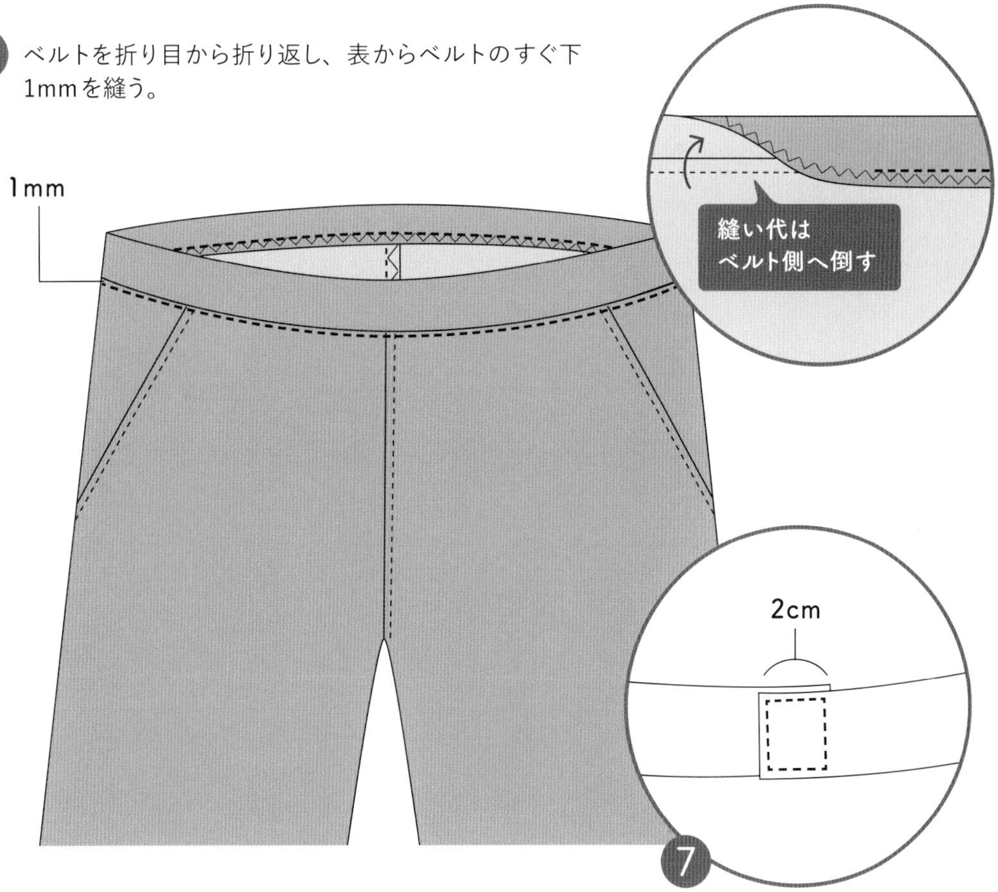
1mm
縫い代は
ベルト側へ倒す
2cm

7 ベルトの開きからゴムを通したら、ゴムの端を2cmずつ重ねて縫い合わせる。手縫いのザクザク縫いでオッケー。

仕上げ

できた♡

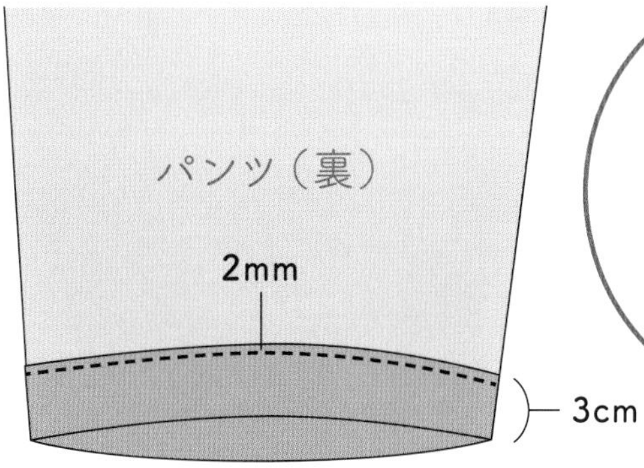
パンツ（裏）
2mm
3cm

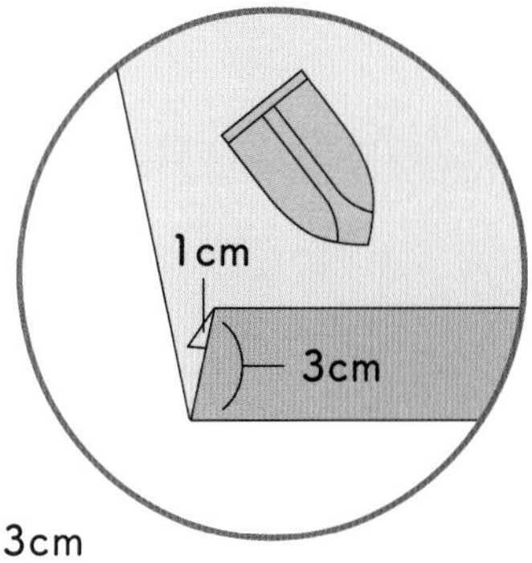
1cm
3cm

裾を3cm、1cmの三つ折りにしてアイロンをかけ、端から2mmのところを縫う。

いろんな布で作ってみました！

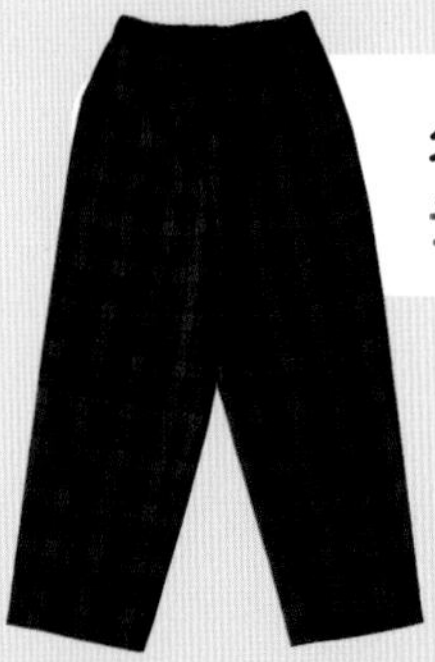

ダークな色で チェックも大人っぽく

ハリがあり、しっかりした風合いの綿素材はパンツに最適。

暗い色合い同士の組み合わせも、チェック柄だと面白みが出る。チェックの1色をアクセサリーの色につなげて。

夏にも、秋冬にも使える素材。明るい色のトップスを引き立たせてくれる、名脇役の存在感。

なんだかんだで黒は便利

光沢のある黒のウール素材。
P57のトップスと同じもの。

スケジュールきびしいな…
う〜ん
あ
明日しめ切りだ

ウール素材は落ち感があるので、さらにすっきりしたシルエットができる。ジャケットと合わせればきちんとしたお仕事服に。

合わせるもの次第でカジュアルにも着れるのがいいところ。あまり厚手でないので、夏物と合わせても違和感なし。

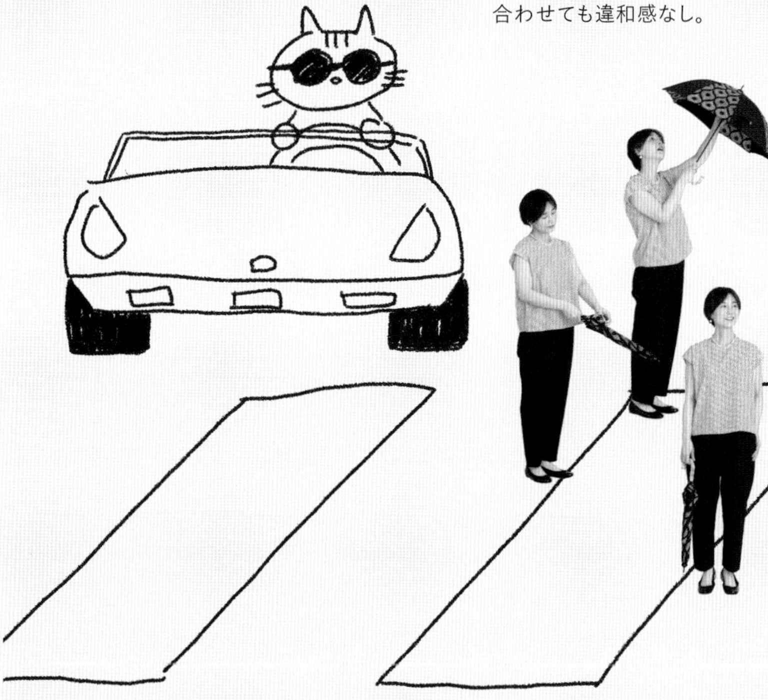

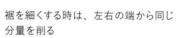

細身のシルエットに アレンジしてみる

しっかりした厚手の綿素材。裾を細めにしたバージョン。

今夜は
カレーだな

ポーク？
ビーフ？

ありそうでなかなかない、明るい茶色の綿素材。ベージュより濃い色なので、黒と合わせて引き締め効果絶大。

チキン？

白ベースのトップスと合わせればふんわりやさしい印象に。裾を折り返して足首を見せるとさらにスッキリ。

Arrangement

裾を細くする

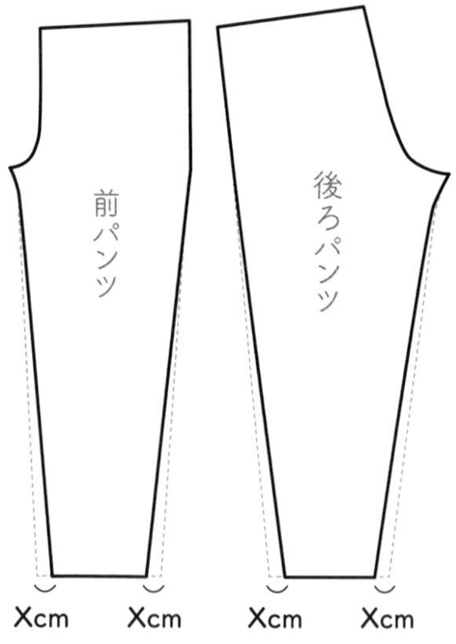
前パンツ
後ろパンツ
Xcm
Xcm
Xcm
Xcm

裾を細くする時は、左右の端から同じ分量を削る

今日のおやつはバナナでーす

あーん

難しいと思われがちな柄物だけど、アフリカ柄は意外に服に向いている。取り入れるならボトムスに。

鮮やかプリント柄でパンツが主役!

手作りの醍醐味を味わえる、鮮やか色のアフリカ柄、綿100%。

さっぱりわからん

さがしてた本がありました

派手な色や柄と合わせる時は、トップスをベーシックな色に。ショート丈のトップスがベストバランス。

センタープレスで
シャキッと

ドレッシーな生地は センタープレスに

メンズのスーツ用ウール生地が安く買えたので、センタープレスパンツに。

チャコールグレーのサラサラしたウール生地だから、落ち感もあってシルエット◎。意外にカジュアルにも使える。

メンズ用の生地なので、着こなしも少しメンズを意識して。白シャツに、ウールのベスト、おじ靴のコーデがハマる。

Arrangement

センタープレス

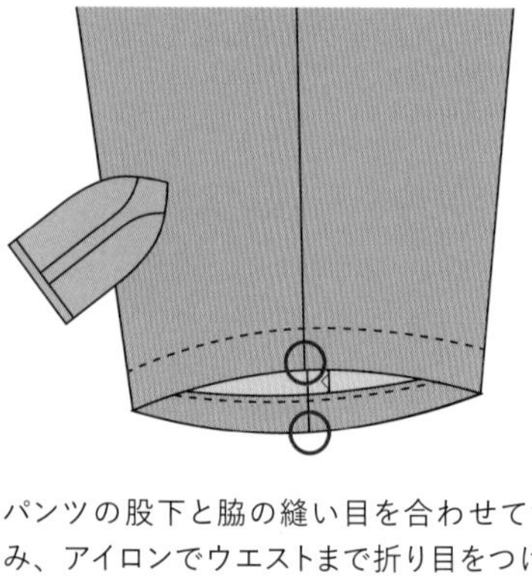

パンツの股下と脇の縫い目を合わせてたたみ、アイロンでウエストまで折り目をつける。

紐つきベルト

Arrangement

※ここでは2cm幅のゴムを使用

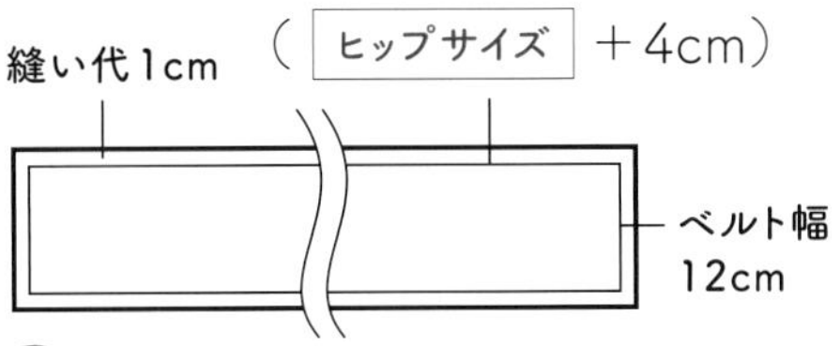
縫い代1cm
（ヒップサイズ ＋4cm）
ベルト幅
12cm

1 ベルトを描いて、周囲に1cmの縫い代を描く。

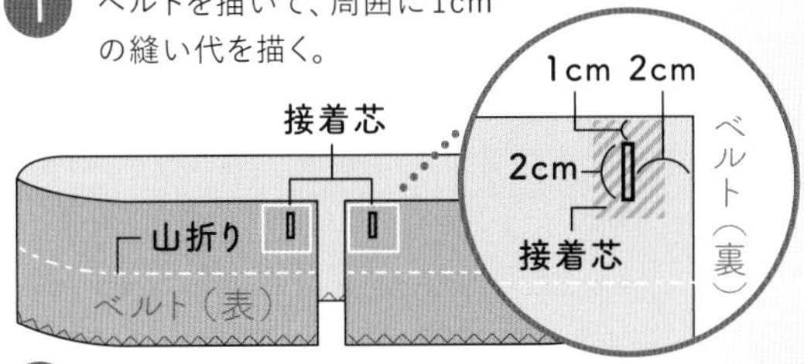
接着芯
山折り
ベルト（表）
1cm 2cm
2cm
接着芯
ベルト（裏）

2 ベルトの裏面に接着芯で補強して、図の位置に2cmのボタンホールを作る。

3 ベルトの端を合わせ中表にして、ほつれ止めした側を3cm縫う。2cm開けて、残りを縫う。

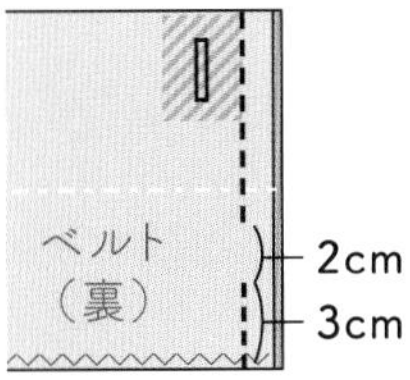
ベルト
（裏）
2cm
3cm

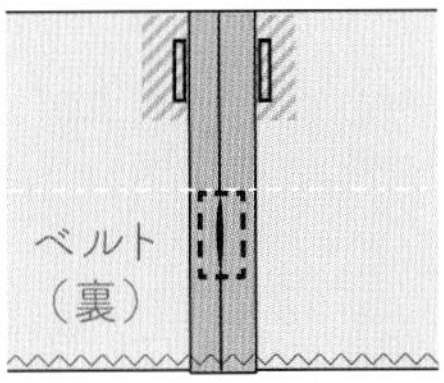
ベルト
（裏）

4 縫い代を割ってアイロンをかけ、開きの周囲を縫う。

5 ベルトの下から2cm上のところをぐるりと縫う。

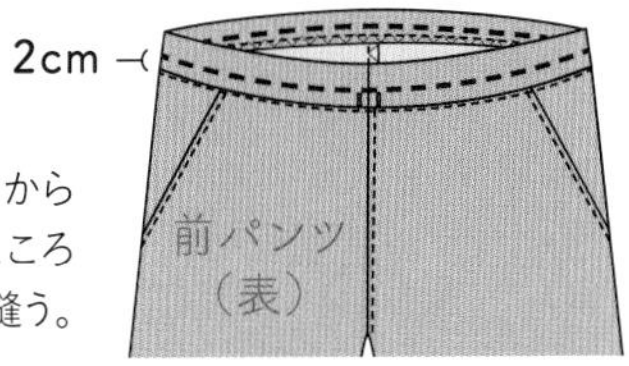
2cm
前パンツ
（表）

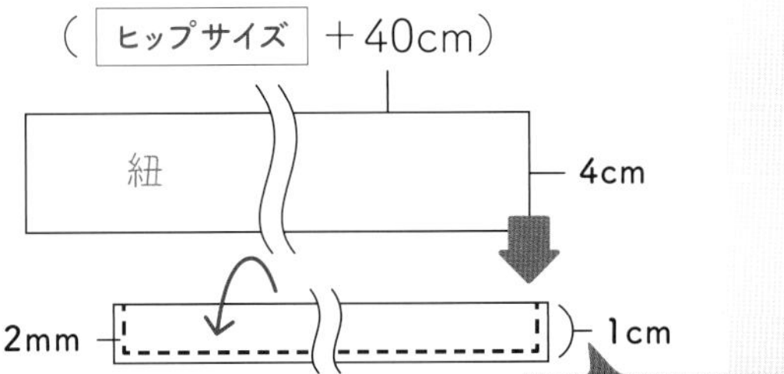
（ヒップサイズ ＋40cm）
紐
4cm
2mm
1cm

6 1cm幅の紐を作り、ゴムと紐を通したら出来上がり。

端を1cmずつ折り込んで縫う

フロントに紐をつけてみる

光沢のあるウール生地。P67のショートジャケットと同じ生地。

ヒモがついたら
雰囲気変わった

ベルトはわざと違う色の生地を使ってアクセントに。紐つきだから、トップスをインにした時にアクセントになる。

COLUMN

やっぱりセットアップ！

ワードローブの中にあると便利なのがセットアップ。

上下同じ生地で作られた服は、トップスとボトムスの相性もバッチリで、コーデを考える時間を短縮できる優れモノです。

不思議なもので、上下がセットになっていると、それだけで「キチンとした服」という印象になります。

簡単なトップスと簡単なゴムパンツを、光沢感のある黒いウールで作ったら、セレモニーにも着ていける服ができちゃった！

また、別々にも着られるので、着回しアイテムとしても重宝します。

トップスとスカートで合わせてワンピース風にしたり、ジャケットとパンツでスーツ風にしたりと、いろんな組み合わせで楽しんでみてください。

セットアップを作る時に注意したいのは、使う布。

トップス向きの薄手の布でパンツを作ると、ペラペラすぎて外に着ていけない……ということがあります。

布は、ボトムスに使っても問題ないものを選ぶことが大事です。

また、柄物のセットアップはかなり個性的になります。

私は、そういう華やかな服も大好きなのですが、使い勝手の良さを優先するなら、最初の一着には無地をおすすめします。
セットで着たり、単体で着たり、毎日のコーデで大活躍すること間違いなしですよ。

PART 4

ゴムじゃないけど簡単!

巻きスカート

女性の体型は千差万別。ウエストは細いけどお尻は大きいとか、お尻はそれほどでもないけどお腹ぽっこりとか、太もものハリが気になるとか……。お悩みも人それぞれ。だからウエストゴムのスカートがお手軽ということになるのですが、自分サイズでぴったり作る巻きスカートなら、ゴムじゃなくてもお悩みはばっちりカバーしてスッキリ着こなせます。

実はスタイルアップできる大人のためのスカート

ゴムスカートと同じくらいお手軽に作れるのが巻きスカートです。

また、広げると一枚の布のようになるので、お洗濯しても乾きやすいし、アイロンもかけやすいというメリットも。

さて、ボトムスにポケットというのは、使える服の条件でもありますが、こういう腰にフィットしたスカートの場合、ポケットをつけると形が崩れやすくなってしまうのが悩みどころ。

きれいなシルエットをとるか、実用性をとるか……。う〜ん、実用性に軍配！

でも、必ずしもポケットは必要ないという方は、あえて省いて作るのもアリだと思います。そのほうがより簡単に作れるのは言うまでもありませんし、なにはともあれ、形はよりスッキリと仕上がるはずですから。

そして、いよいよ、ここではボタンホールに挑戦です！

ボタンホールに苦手意識のある方は案外多いのですが、案ずるより産むが易し。この機会に、ボタンホールの壁をひらりと飛び越えてしまいましょう。

Point

- ボタンホール縫いは、何度かハギレで練習しましょう。
- 巻きスカートがめくれるのが気になる時は、キルトピンで留めておけば風が強い日も安心です。

Front

Back

少し厚みはあるけれどやわらかく、落ち感が出る綿・麻素材。P56で紹介した半袖トップスと同じ素材です。

必要な布の丈　140cm幅、160cm（ヒップ96cm、スカート丈70cmの場合）

型紙を作る

X＝（ ヒップサイズ ＋5cm）÷4

1 自分サイズを当てはめた図形を描く。

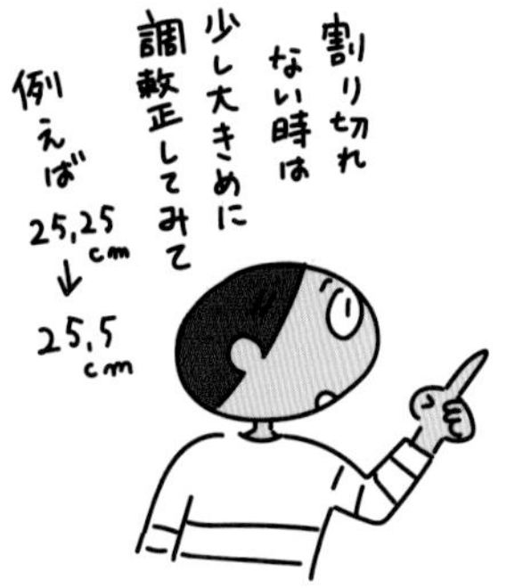
割り切れ
ない時は
少し大きめに
調整してみて
例えば
25,25cm
↓
25,5cm

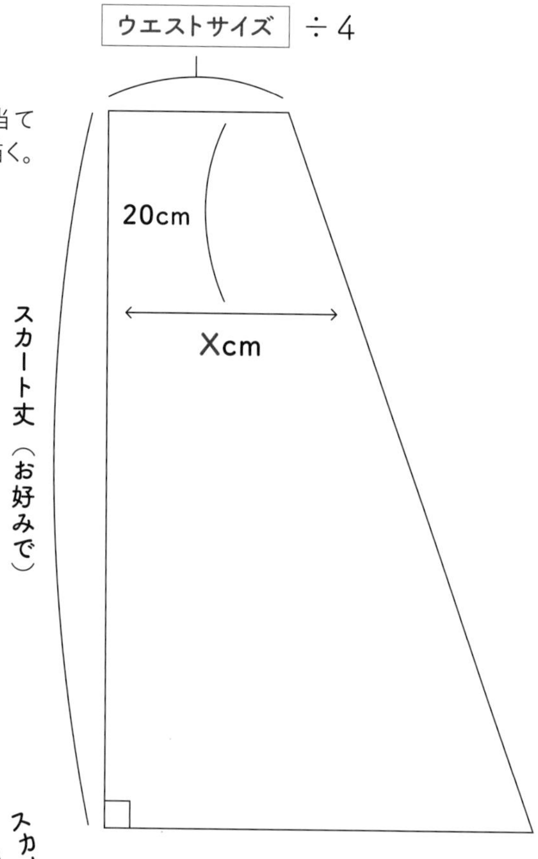
ウエストサイズ ÷4
20cm
Xcm
スカート丈（お好みで）

脇
後ろスカート
スカート丈
自然なカーブ

2 脇のラインをスカート丈に合わせ、裾を自然なカーブになるように線を描く。

wrap skirt

前スカートを描く

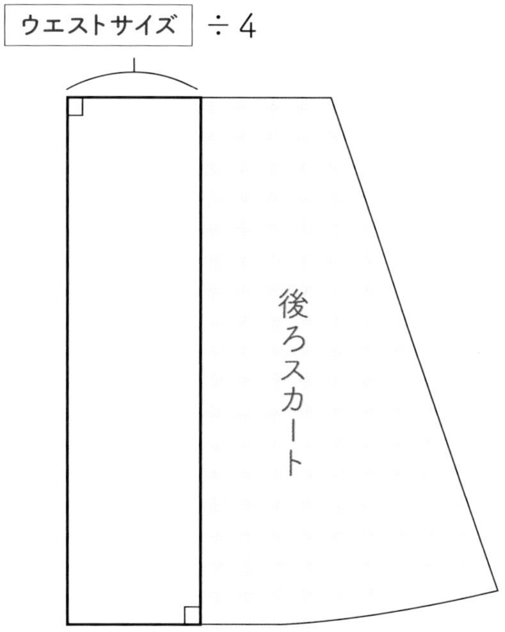

ウエストサイズ ÷ 4
後ろスカート

❶ 後ろスカートと同じ形を描き、図のように長方形をつなげる。

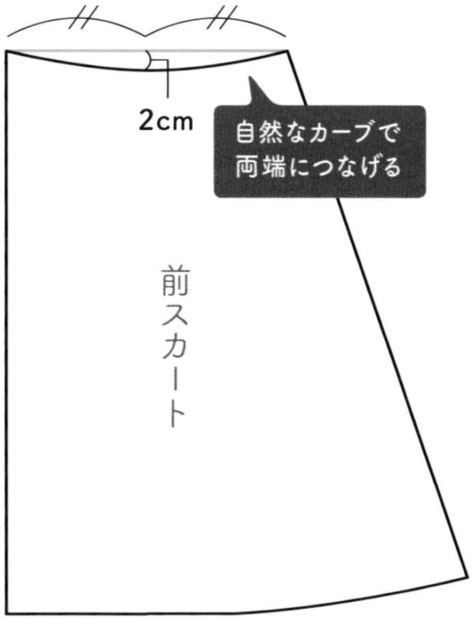

2cm
自然なカーブで
両端につなげる
前スカート

❷ ウエストラインを中心から2cm下げる。

ポケットを描く

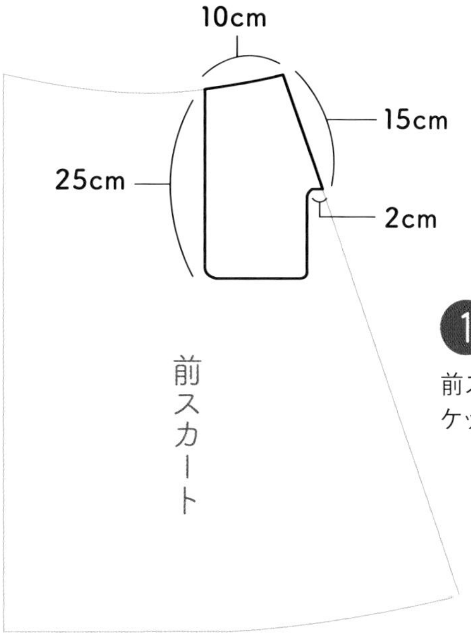

10cm
15cm
25cm
2cm
前スカート

❶ 前スカートに直接ポケットを描き込む。

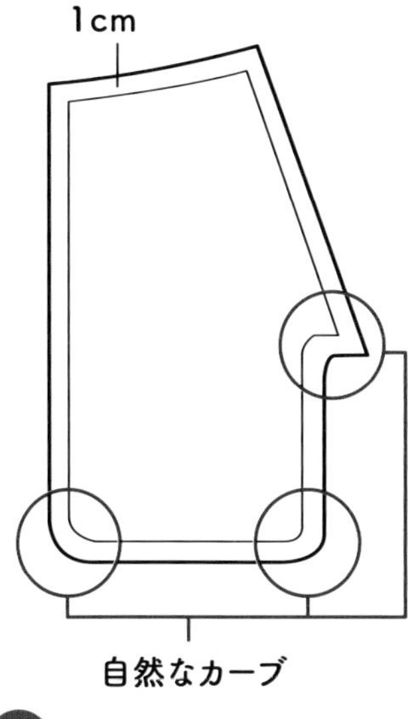

1cm
自然なカーブ

❷ 別紙に写し、周囲に1cmの縫い代を描く。

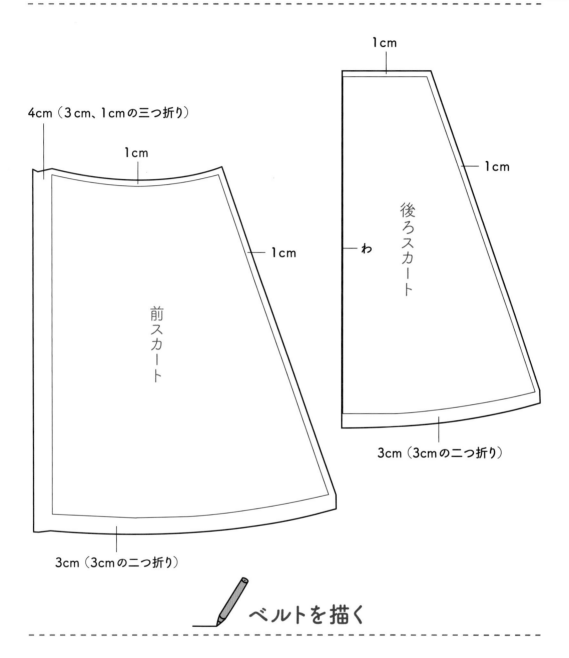

前スカートと後ろスカートに縫い代を描く

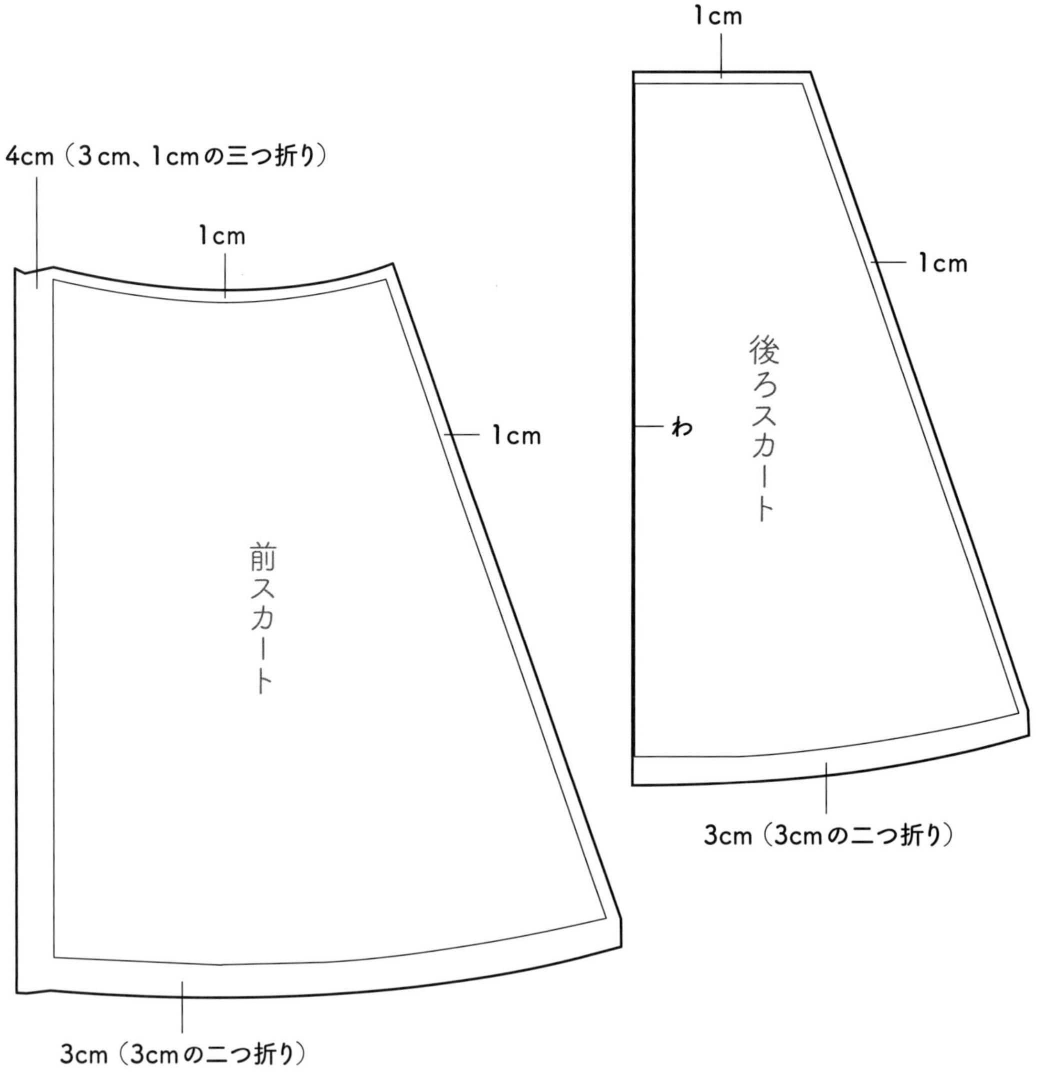
1cm
1cm
後ろスカート
わ
3cm（3cmの二つ折り）
4cm（3cm、1cmの三つ折り）
1cm
1cm
前スカート
3cm（3cmの二つ折り）

ベルトを描く

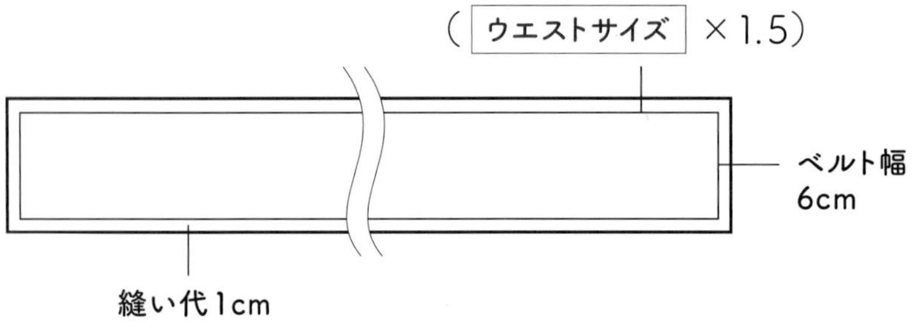
（ウエストサイズ ×1.5）
ベルト幅
6cm
縫い代1cm

ベルトを描いて、周囲に1cmの縫い代を描く。簡単な図形なので、型紙を作らず布に直接描いてもオッケー。

裁断する

切り出すパーツの数

- □ 前スカート×2
- □ 後ろスカート×1
- □ ウエストベルト×1
- □ ポケット×4

必要なもの

- □ ボタン（18mm前後）×2
- □ 伸び止めテープ17cm×2

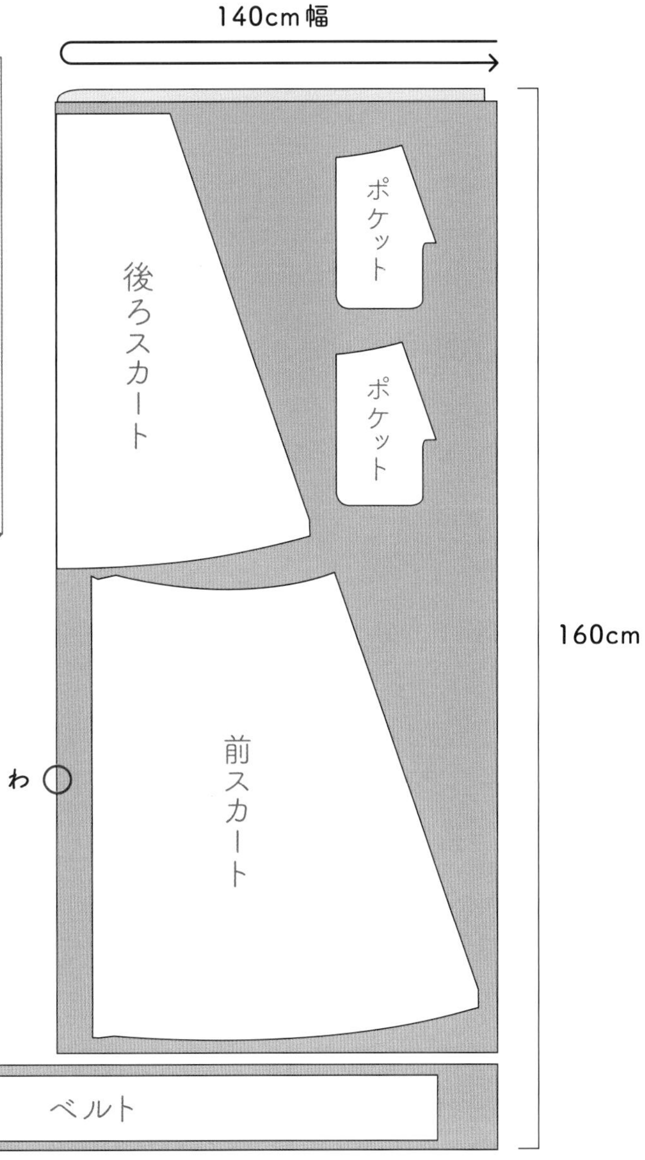

140cm幅
160cm
後ろスカート
ポケット
ポケット
前スカート
わ
ベルト

ヒップ96cm、スカート丈70cm
で作った場合の参考例。
布幅や サイズによっても 違うので
あくまで 参考程度に

下準備

1. ベルトの裏に接着芯を貼り、一辺をほつれ止めする。

ベルト（裏）
接着芯

2. 前スカート脇の裏に、伸び止めテープを貼る。

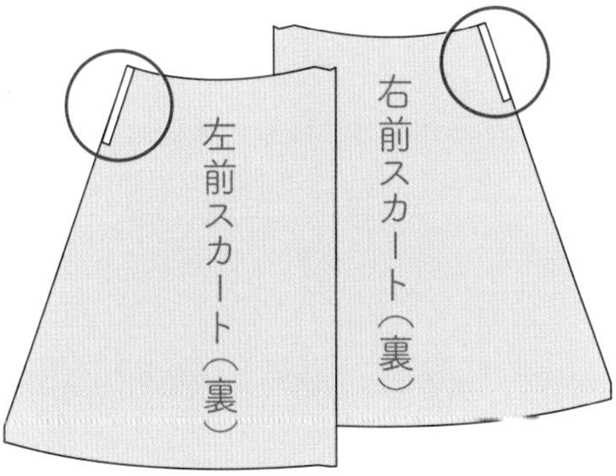

右前スカート（裏）
左前スカート（裏）

縫っていく

❶ まずポケットをつける。スカート脇に中表でポケットを縫い、ほつれ止めをする。

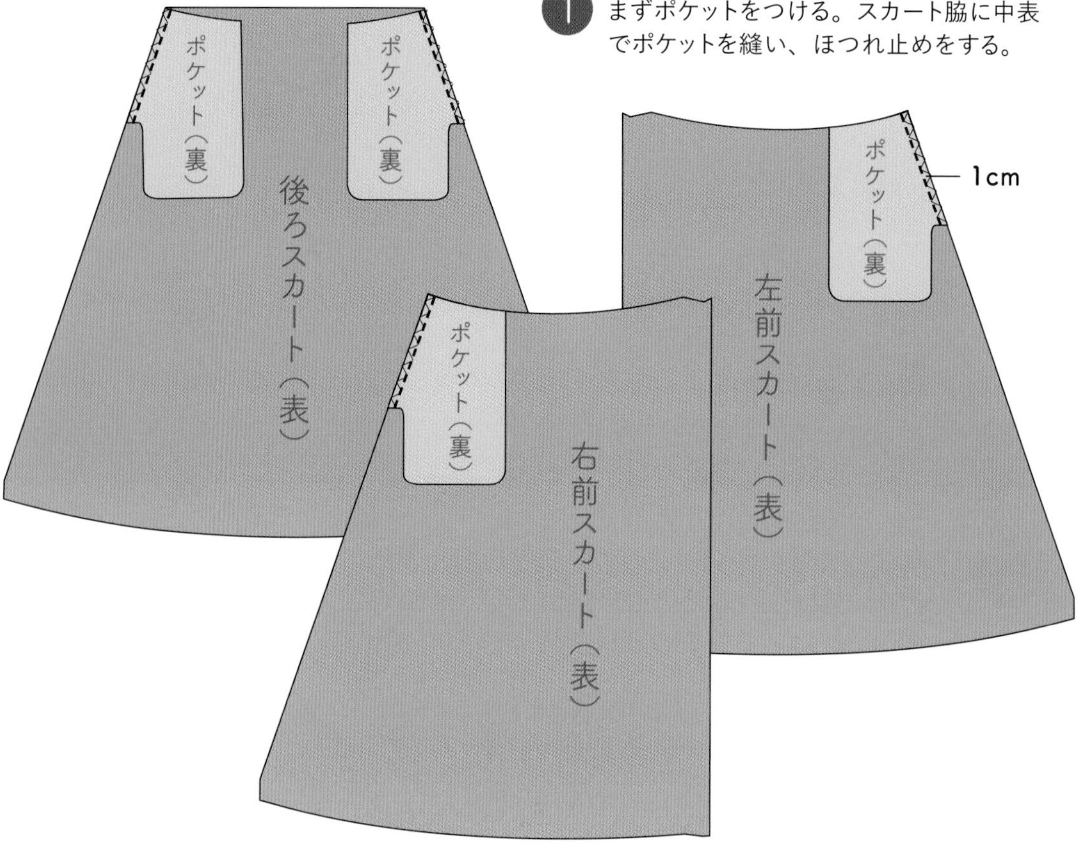
ポケット（裏）
ポケット（裏）
後ろスカート（表）
ポケット（裏）
1cm
左前スカート（表）
ポケット（裏）
右前スカート（表）

ポケット（表）
右前スカート（表）

❷ ポケットを開いてアイロンをかける。他のポケットも同様に。

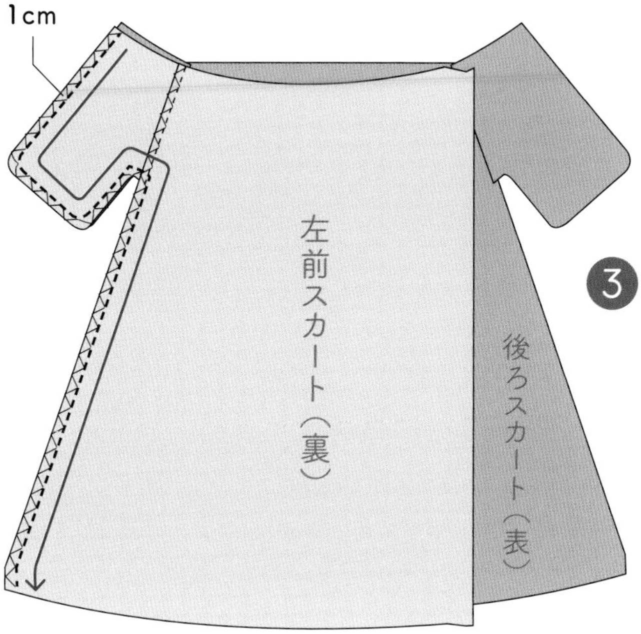
1cm
左前スカート（裏）
後ろスカート（表）

❸ 前スカートと後ろスカートを中表にしてポケットから脇を続けて縫い、ほつれ止めをする。

❹ ポケットと脇の縫い代を前スカート側へ倒す。前スカートと前ポケットの2枚に5mmのステッチをかける。

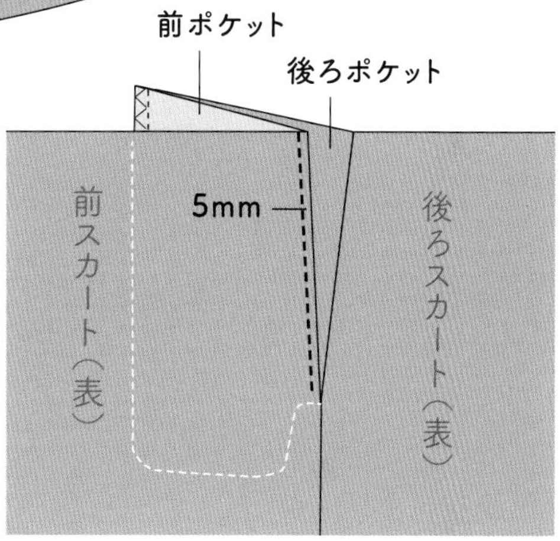
前ポケット
後ろポケット
5mm
前スカート（表）
後ろスカート（表）

❺ ポケット口の下を1cm縫う（前スカート、前ポケット、後ろポケット、後ろスカートを一緒に）。

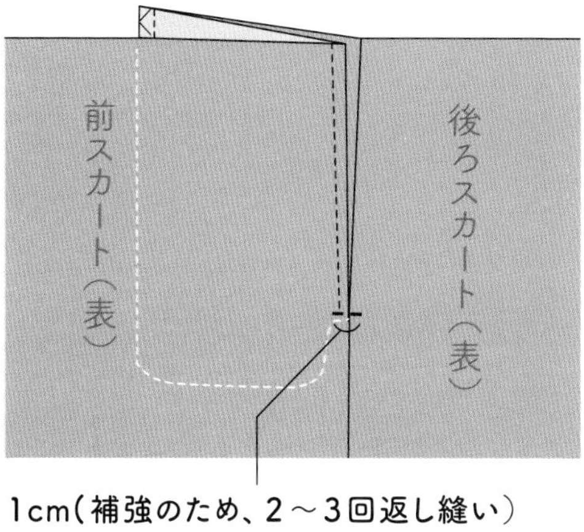
前スカート（表）
後ろスカート（表）
1cm（補強のため、2〜3回返し縫い）

❻ ポケットを前スカートに仮止めしておく。反対側も同じようにポケットをつける。

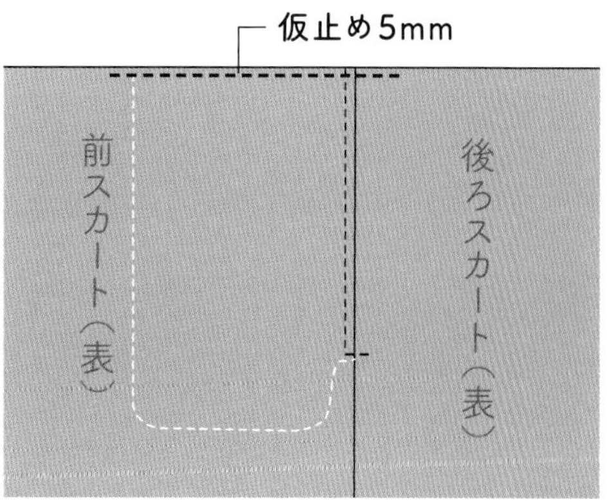
仮止め5mm
前スカート（表）
後ろスカート（表）

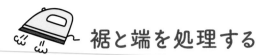

裾と端を処理する

❶ 裾にほつれ止めをして
3cmの折り目をつける。

スカート（裏）
3cm

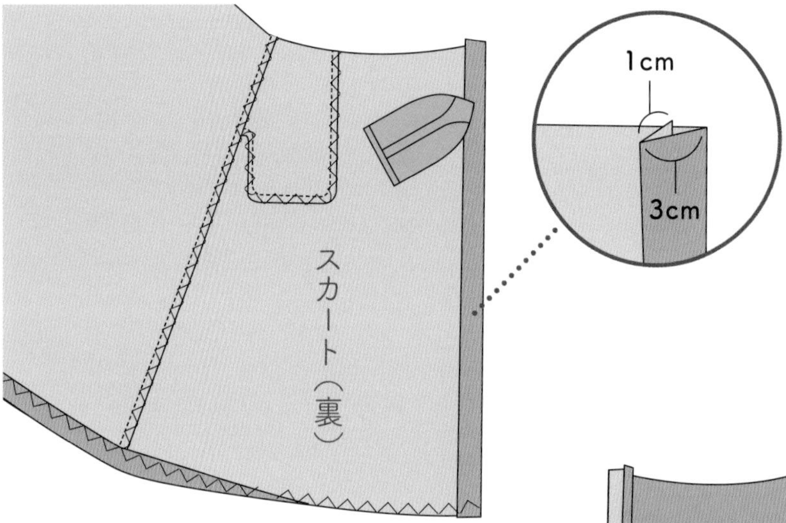
スカート（裏）
1cm
3cm

❷ 端を3cm、1cmの
三つ折りで折り目を
つける。

❸ ❷でつけた折り目
を逆に折り、裾から
3cmのところを縫う。

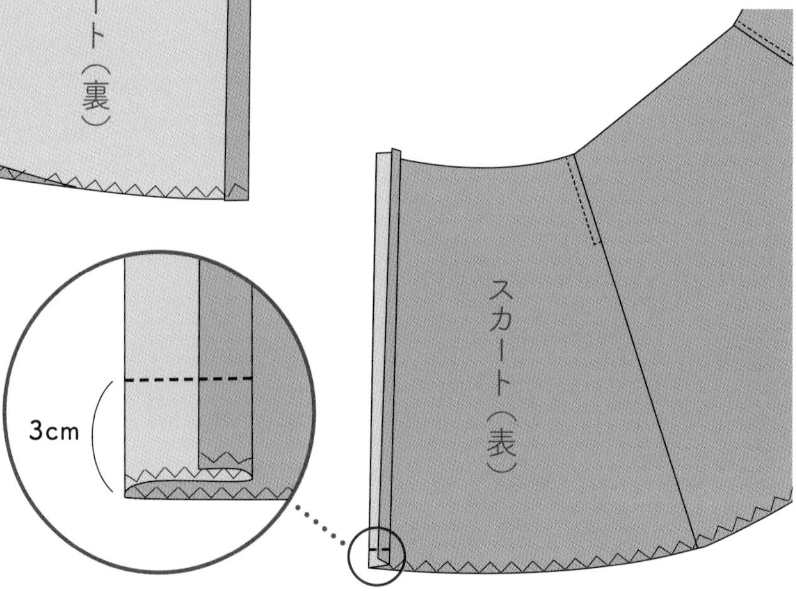
3cm
スカート（表）

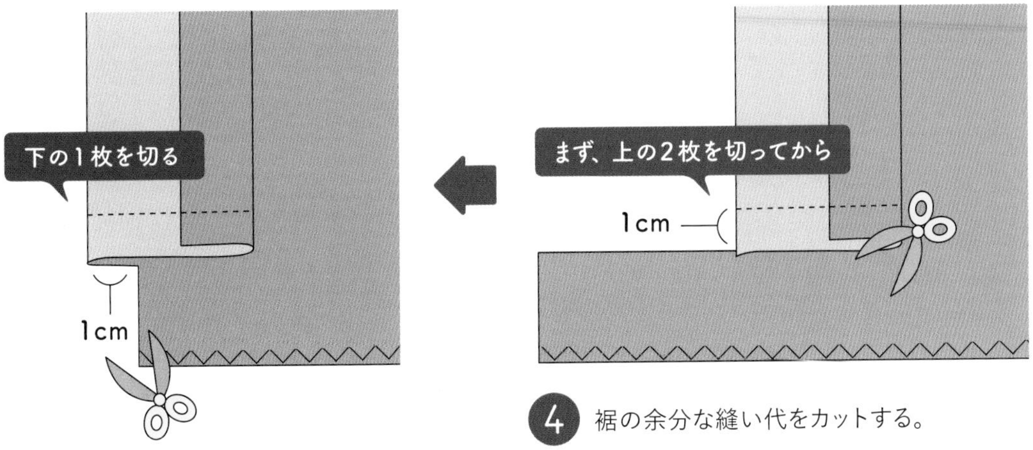
まず、上の2枚を切ってから
1cm
下の1枚を切る
1cm

4 裾の余分な縫い代をカットする。

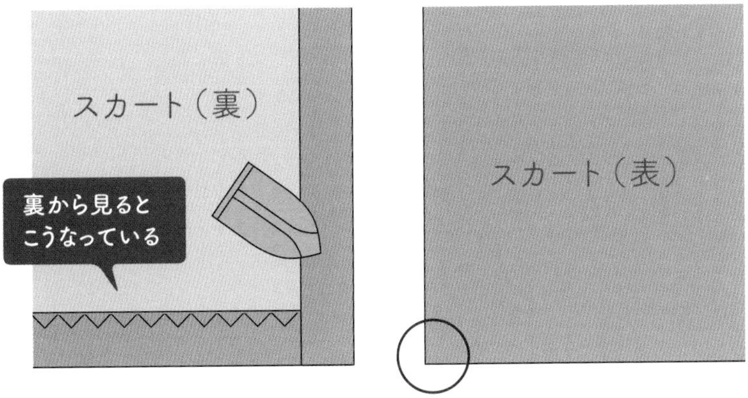
スカート（裏）
裏から見ると
こうなっている
スカート（表）

5 ❷表に返して形を整える。表に返すと、角の部分がきれいに処理されている。

6 裾と端を縫う。

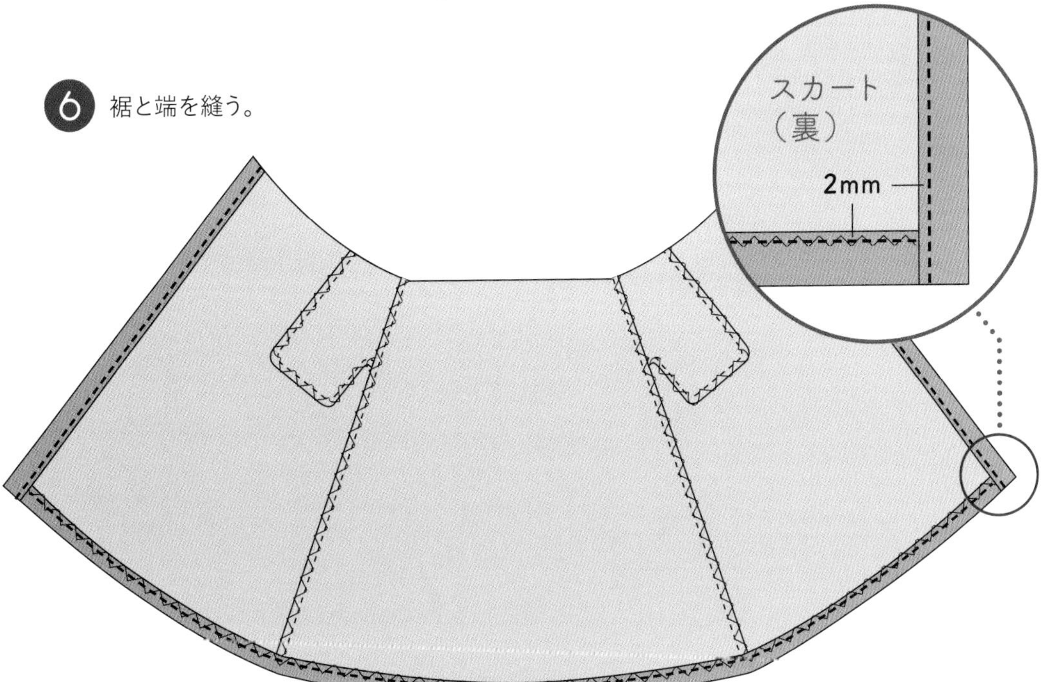
スカート
（裏）
2mm

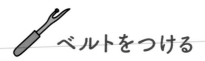

ベルトをつける

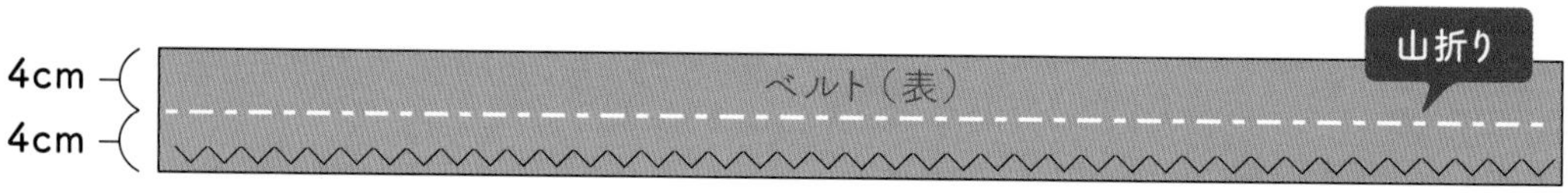
4cm
4cm
ベルト（表）
山折り

❶ ベルトの半分のラインにアイロンで折り目をつけておく。

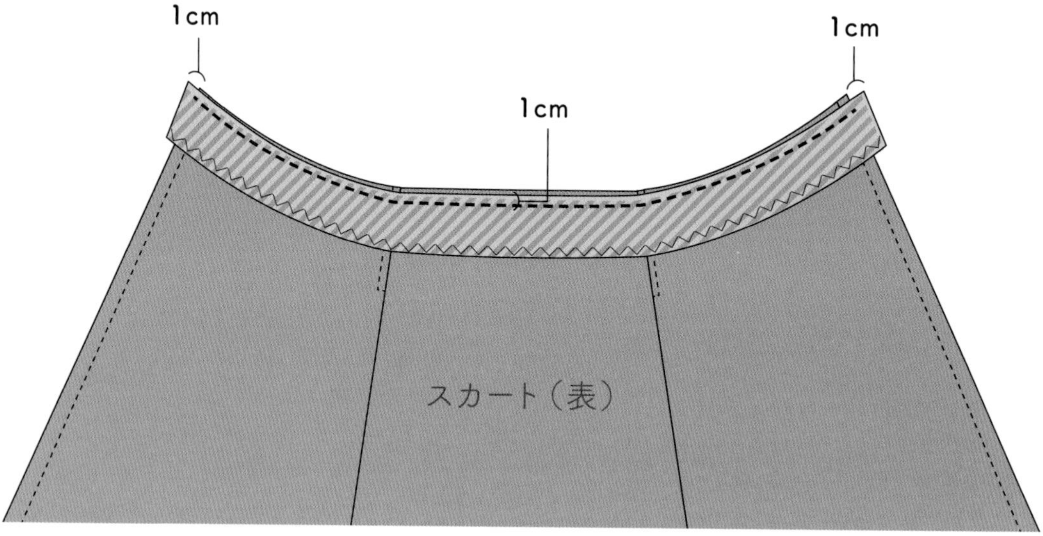
1cm
1cm
1cm
スカート（表）

❷ スカートと、ベルトのほつれ止めをしていない側とを中表で縫う。
この時、ベルトの両端をスカートから1cmずつ出す。

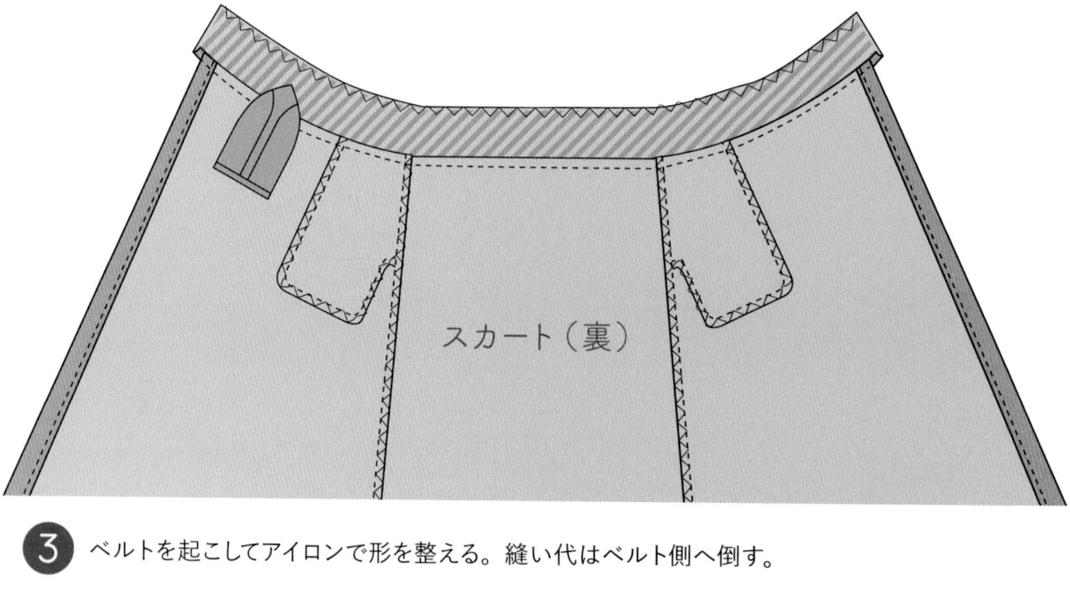
スカート（裏）

❸ ベルトを起こしてアイロンで形を整える。縫い代はベルト側へ倒す。

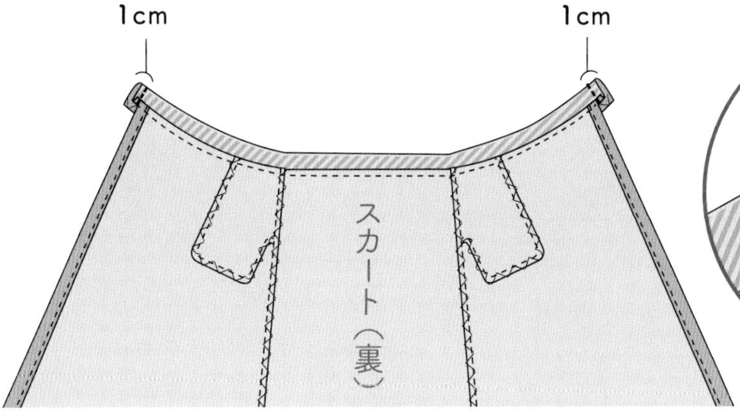
1cm
1cm
スカート（裏）

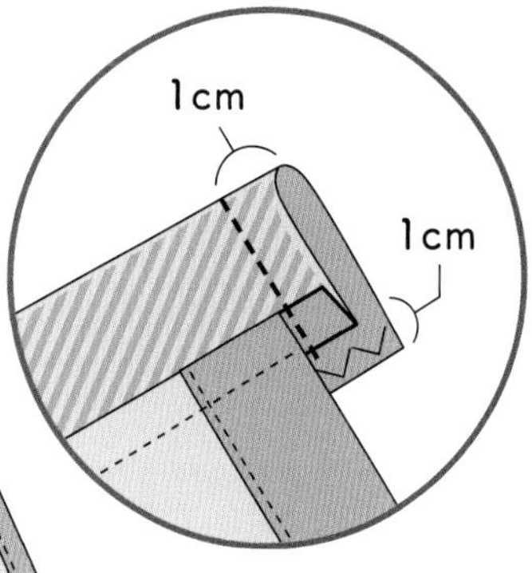
1cm
1cm

4 ベルトを折り目と逆に折り、端から1cmのところを縫う。

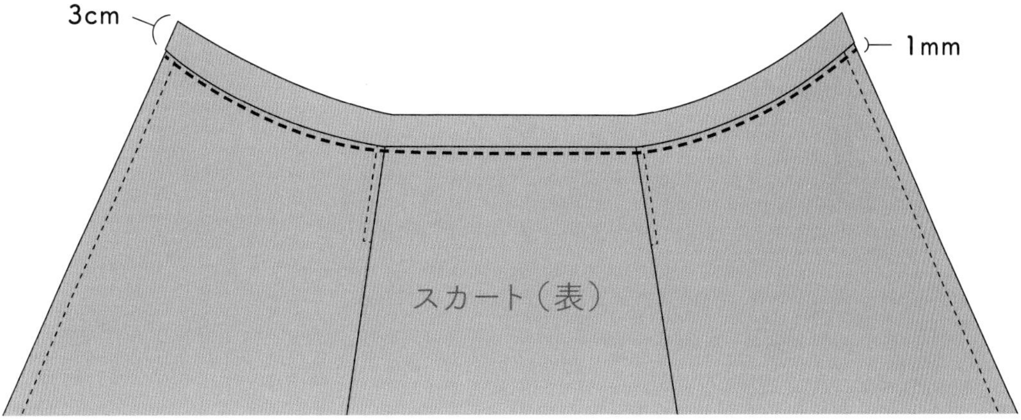
3cm
1mm
スカート（表）

5 ベルトを表に返し、表側からベルトの1mm下を縫い留める。

6 右前スカートに2カ所ボタンホールを作る（右前スカートの端から1cmくらいの所）。

完成!

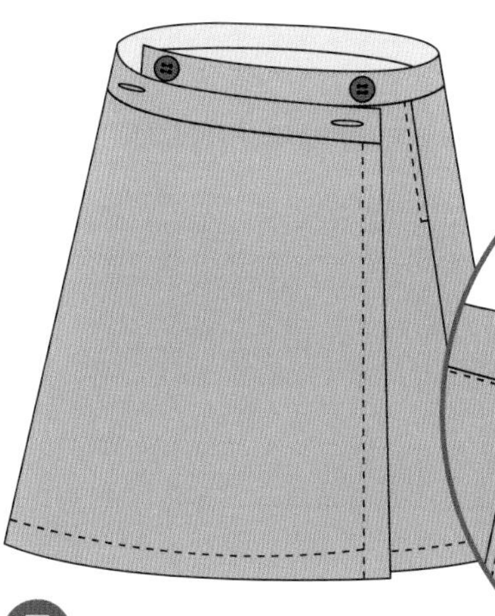

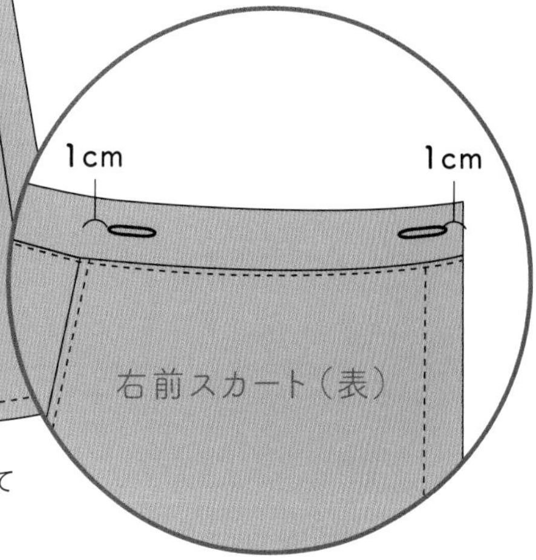
1cm
1cm
右前スカート（表）

7 ボタンホールに合わせてボタンをつける。

Arrangement

いろんな布で作ってみました！

待ちあわせ
今日じゃなかったー

あれー
おかしいな
うーん

ハチ公

濃いめの色柄で引き締め効果！

遠目だとウールっぽく見えるけど、実は綿の細うねコーデュロイ。真夏以外は使える。

秋冬にはニットと合わせて。ウエストインすれば、さらにシルエットがきれいにすっきり見える。

ちょっと寄り道♪

トップスはP53で紹介した白のニット素材。靴も白のスニーカーでそろえてカジュアルな印象に。

巻きスカートは風が通りやすいので夏も涼しく快適！　大人の女性は膝が完全に隠れる長めの丈がおすすめ。

薄手の素材なら軽やかな印象に

夏物にぴったりな、少し薄手でやわらかい綿・麻混紡素材。

立入禁止だった
おっと
立入禁止

ちょっとしたお出かけの時は、ダークなトップスをウエストイン！ゴムじゃないから手作り感も薄くなる。

違う色柄を合わせて
これぞオリジナル！

色柄違いだけど統一感のある2種類のチェックを合わせてバイカラーに。どちらも綿素材。

今日は ケーキが食べたい気分

Pâtisserie

バイカラーのスカートなんて派手かと思いきや、ベーシックな色と柄を選べば落ち着いた印象。トップスは白シャツで爽やかに。

そういえば 家に抹茶があったなー

おまんじゅう買って帰ろう

和菓子

チェックの中のそれぞれ1色を拾って、シャツと靴の色をつなげる。意外になんでも合わせやすいスカート。

Arrangement

バイカラーにしてみる

ベルト（表）
後ろスカート（表）
左前スカート（表）
右前スカート（表）

違う色柄を組み合わせて作ると、個性的な1着になります。

ウール素材を使って冬の装い

ツイード調のウール素材で作ってみたら、冬の使える1着に。

行ってきまーす

黒のニットと合わせ、スカートの余り素材で作ったストールを巻けば、ちょっと寒くなった時期のお仕事コーデに。

やわらかいウール素材なので、落ち感も出てストンとしたシルエットに。P107の夏物より、丈は少し長め。

Arrangement

余り布でストールを作ってみる

私はミミがフリンジに
なってるダブル幅の
布を使ったよ

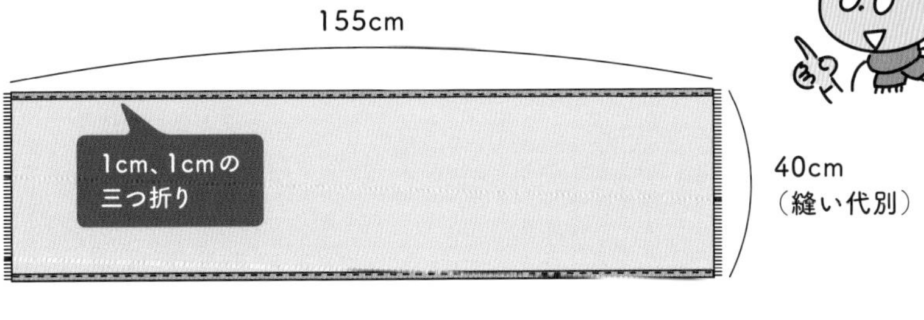

155cm
1cm、1cmの
三つ折り
40cm
（縫い代別）

端を1cm、1cmの、三つ折りにするだけ。サイズは参考まで。縦地でも横地でも余り布と相談しながら作ります。

COLUMN

ボタンとボタンホールのこと

服作りにはいくつかの壁があると思いますが、その一つにボタンホールというのがあります。

家庭用ミシンにはほぼ標準装備されている機能ではありますが、ちょっと難しそう、と感じている方も多いかもしれません。

ところがこのボタンホール、使えるようになると服作りの幅はかなり広がるのです。

ボタンのある服は、デザイン的にも機能的にも洋服をワンランクアップさせます。また、ヒモを通す穴としても便利（パンツのアレンジで出てきました）。

しかしながら、ボタンホール縫いは直線縫いとは違って、ちょっとトリッキーな動きをするので、本番前に何度かハギレを使って練習してみることをおすすめします。

ところで、ボタンと一口に言っても大きさはさまざま。

どんなアイテムにどのくらいの大きさのボタンを使えばいいか、迷いますよね。

例えば、一般的にシャツに使われるボタンは11・5㎜。

スカートは18㎜、コートは23〜25㎜くらいのものを使います。

アイテムに対してあまりに大きすぎたり小さすぎたりするとバランスが悪くなりますが、この大きさじゃないといけないということはないので、これを基準にお好みのボタンを使ってください。

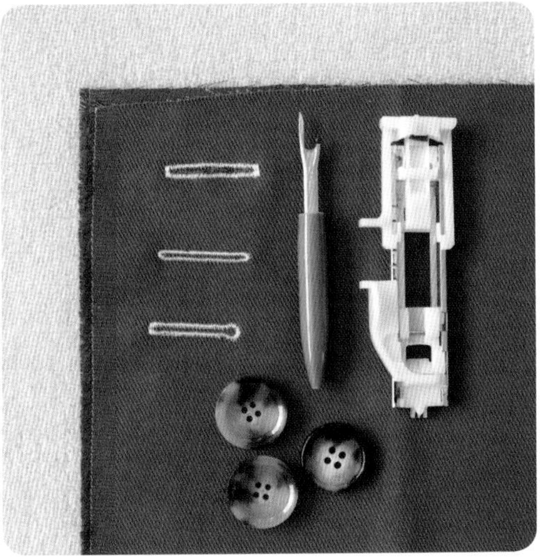

ボタンホールが縫えたら、リッパーで切り目を入れて完成！　糸を切らないように慎重に。

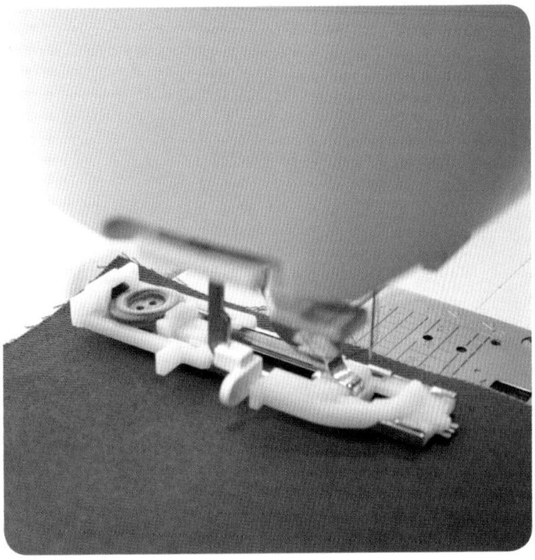

ボタンホール押さえを使うと、ボタンホールはあっという間に縫い上がる。何度かハギレで練習してコツをつかんで。

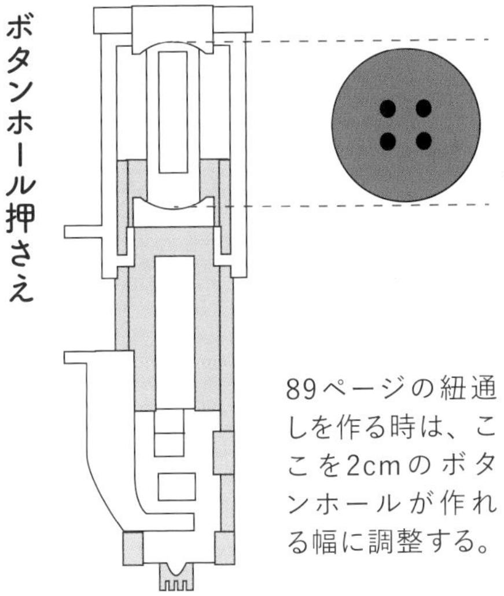
ボタンの大きさに合わせたボタンホールが作れる

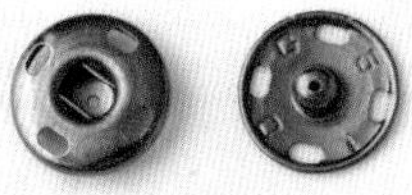

お手持ちのミシンの説明書を参照してください

どうしても、ボタンホールはハードルが高い！　という時は、スナップボタンを使うという手もあります。この本のアイテムでも、140ページのコートではボタンホールではなくスナップボタンを使っています。

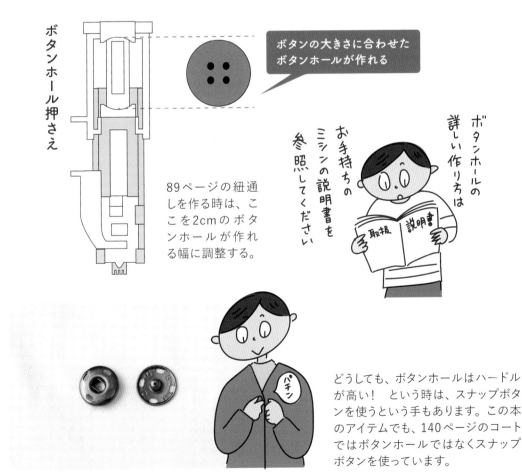

PART 5

ちょっと難易度高め
でも頑張りたい!

シャツとアウター

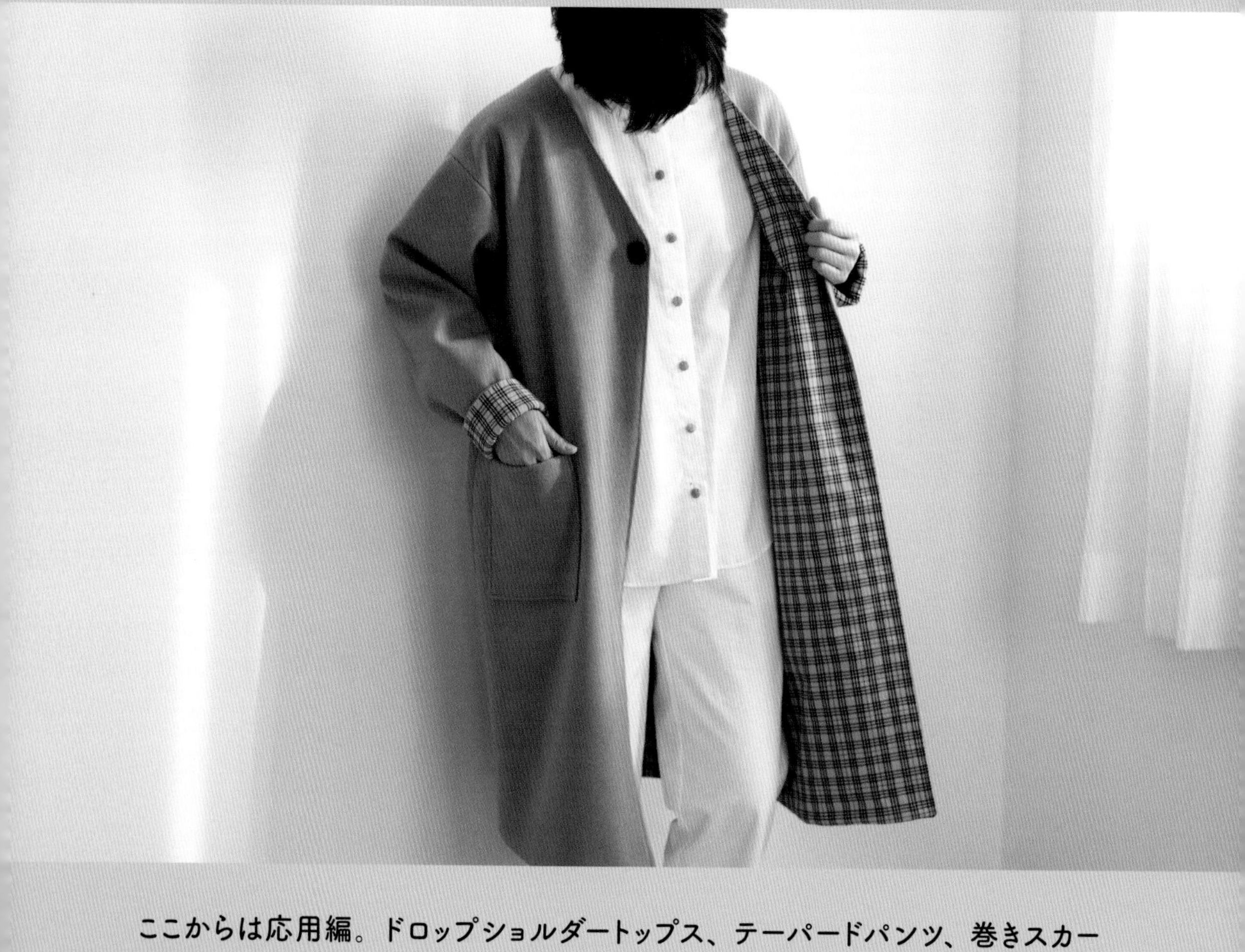

ここからは応用編。ドロップショルダートップス、テーパードパンツ、巻きスカートと作ってきて、だいぶ裁縫にも慣れてきたことでしょう。そこでドロップショルダートップスをアレンジして、シャツ、そしてアウターまで作ってしまいます。少し難易度は上がるけど、これができれば年間通して手作り服で暮らすことも可能に!

RANDISM

シャツが作れたら、手作り服のレベルが一段上がる！

袖つき、前開きが作れるようになったら、作ってみたいのがシャツ。

1枚で着てもジャケットの下に着ても、さらには羽織としても使える万能アイテムなのです。

そんな使い勝手の良いアイテムなので、私も今までたくさんシャツを作ってきました。が、しかし、オーソドックスなシャツを作ろうと思うと、たくさんのパーツと面倒な工程があるのも事実。

そこで、本書ではシャツとして必要最低限のパーツに絞り、できるだけシンプルな形と作り方を目指しました。襟やヨークは省き、前立てやカフスは限りなく簡単に。

今回、袖まわりの短冊やカフスつけがちょっと難易度高めですが、袖にカフスがつくと一気に手作りっぽさのない服になるのです。

もし、カフスはまだ難しい……と思ったなら、まずはカフスのいらない半袖シャツを作ってみてはいかがでしょうか？

シャツは、ボタンで遊べるアイテムでもあります。ボタン選びの楽しさも、シャツ作りの醍醐味と言えるでしょう。まずはそこから始めてみてもいいかもしれません。

Point

- **短冊は、シワが寄らないように縫うのは難しいので、少々のシワやヨレは気にしなくても大丈夫。着ていたらわかりませんから。**
- **シャツは、袖に左右があるので注意！**

Front

Back

これが私の考える、基本の襟なしシャツ。最初の1枚は、パリッとして縫いやすい綿で作りましょう。

必要な布の丈　110cm幅で230cm（バスト85cm、着丈69cmの場合）

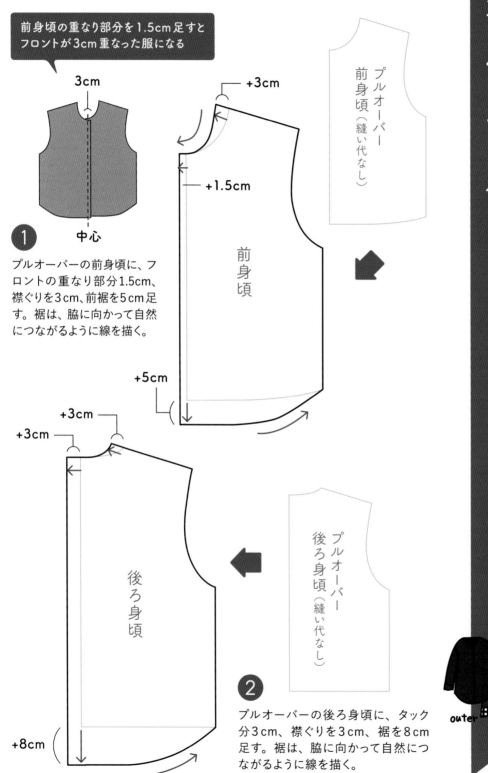

基本のプルオーバー（P40）をもとに型紙を作る

前身頃の重なり部分を1.5cm足すと
フロントが3cm重なった服になる

3cm
中心

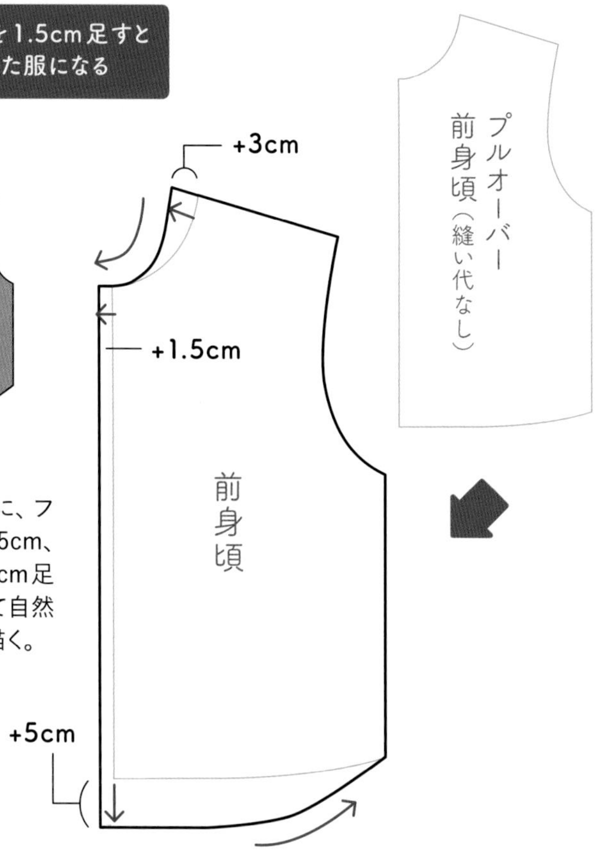
+3cm
+1.5cm
+5cm
前身頃
プルオーバー
前身頃（縫い代なし）

1

プルオーバーの前身頃に、フロントの重なり部分1.5cm、襟ぐりを3cm、前裾を5cm足す。裾は、脇に向かって自然につながるように線を描く。

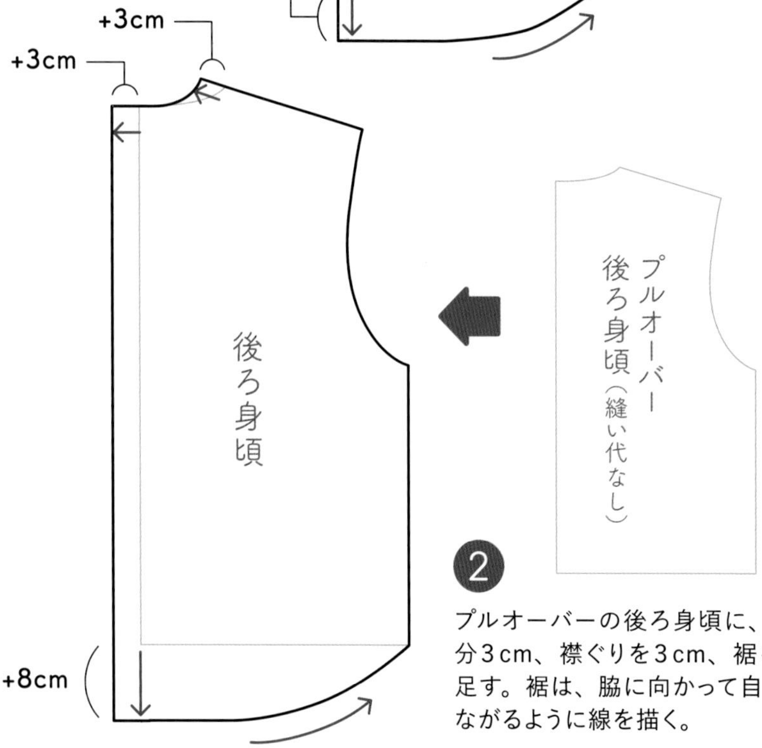
+3cm
+3cm
+8cm
後ろ身頃
プルオーバー
後ろ身頃（縫い代なし）

2

プルオーバーの後ろ身頃に、タック分3cm、襟ぐりを3cm、裾を8cm足す。裾は、脇に向かって自然につながるように線を描く。

shirt
outer

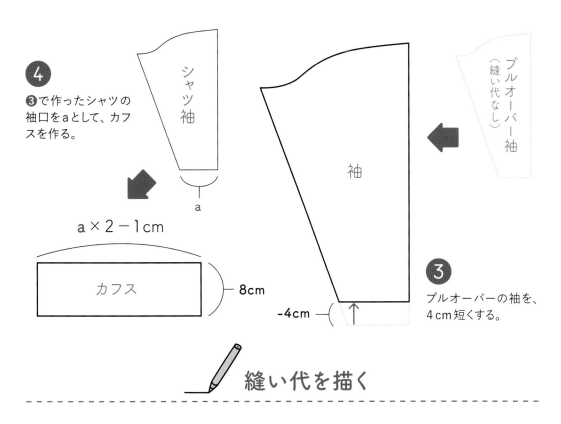

プルオーバー袖
（縫い代なし）

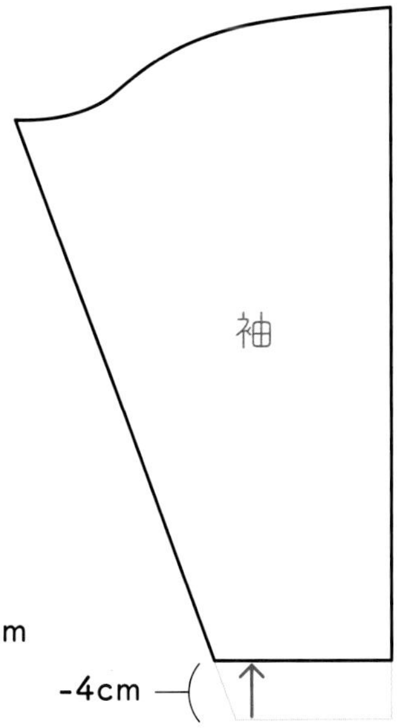
袖
-4cm

3

プルオーバーの袖を、4cm短くする。

4

❸で作ったシャツの袖口をaとして、カフスを作る。

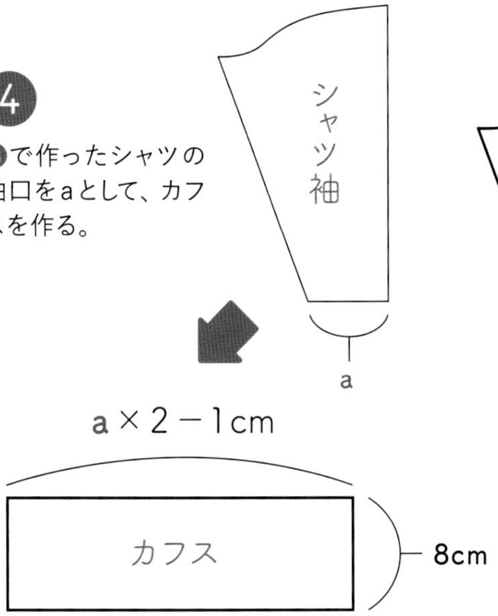
シャツ袖
a
a × 2 − 1cm
カフス
8cm

縫い代を描く

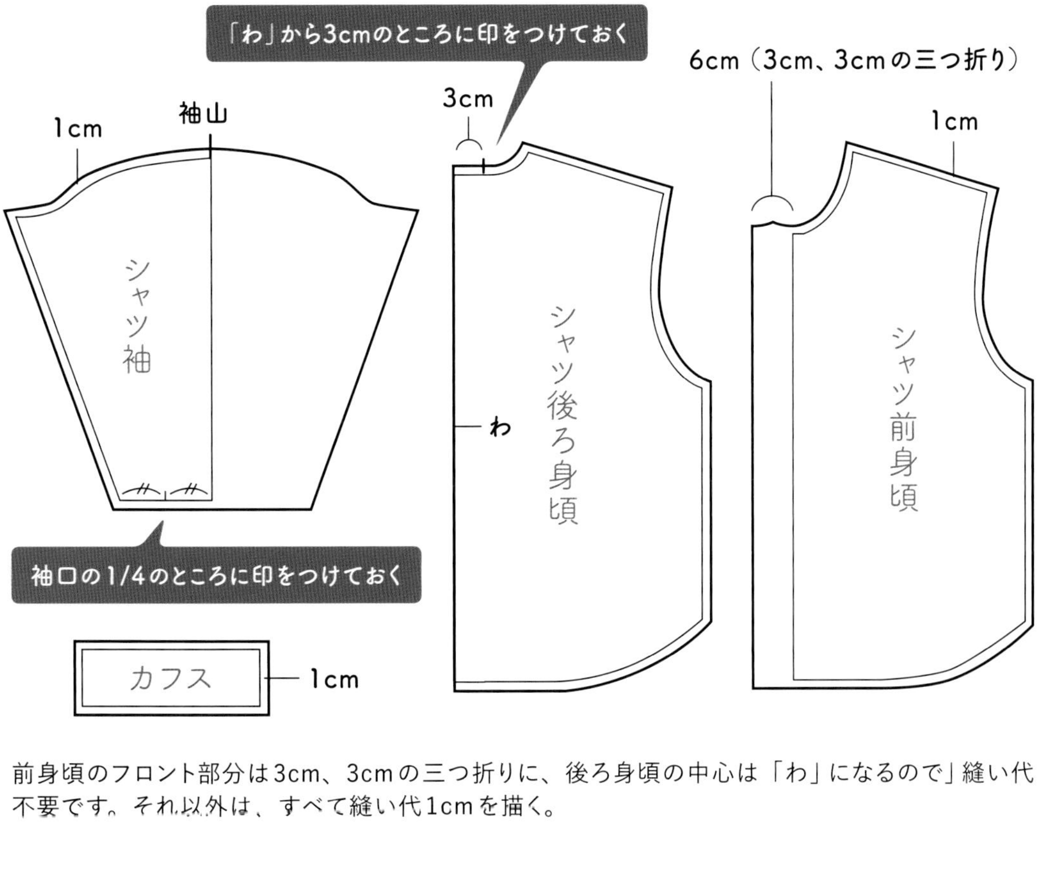
「わ」から3cmのところに印をつけておく
6cm（3cm、3cmの三つ折り）
3cm
1cm
袖山
1cm
シャツ袖
シャツ後ろ身頃
わ
シャツ前身頃
袖口の1/4のところに印をつけておく
カフス
1cm

前身頃のフロント部分は3cm、3cmの三つ折りに、後ろ身頃の中心は「わ」になるので」縫い代不要です。それ以外は、すべて縫い代1cmを描く。

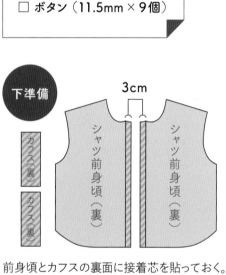

裁断する

切り出すパーツの数

- □ 前身頃×2
- □ 後ろ身頃×1
- □ 袖×2
- □ カフス×2
- □ バイアステープ×1
- □ 短冊×2

必要なもの

- □ 接着芯
- □ ボタン（11.5mm×9個）

下準備

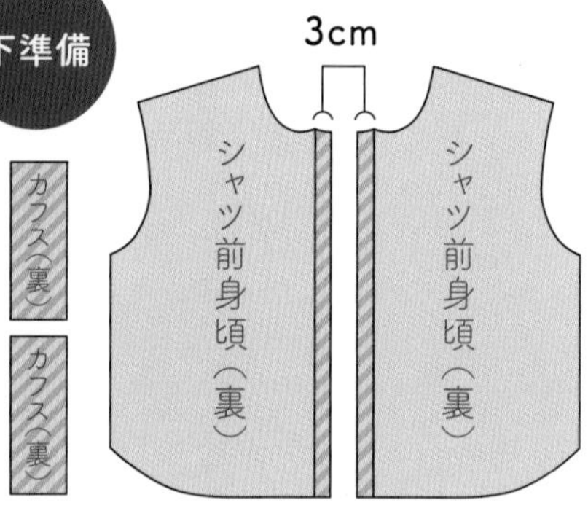

3cm
シャツ前身頃（裏）
シャツ前身頃（裏）
カフス（裏）
カフス（裏）

前身頃とカフスの裏面に接着芯を貼っておく。

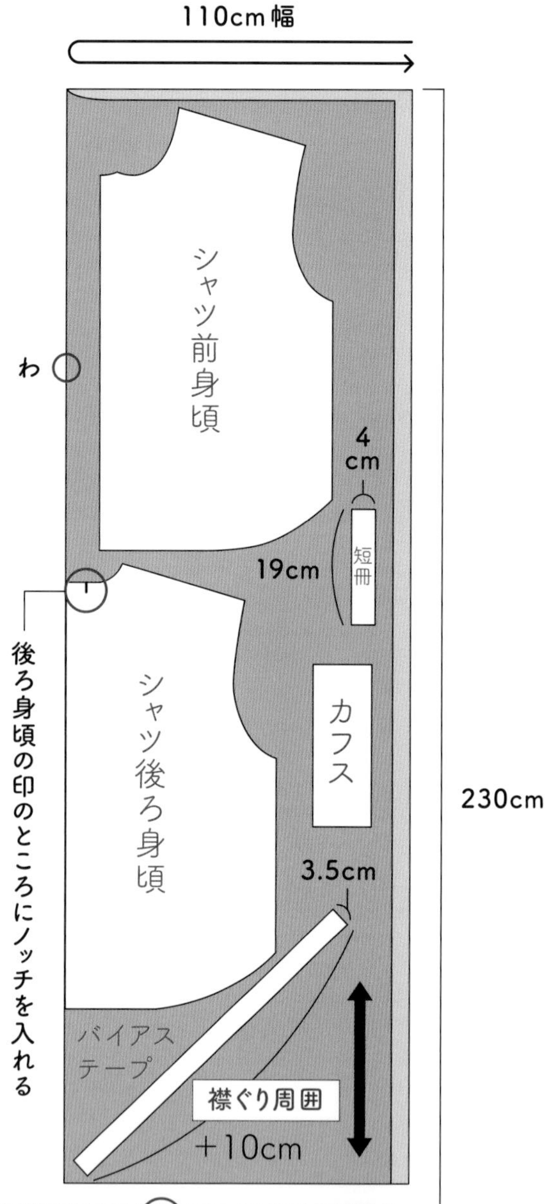

110cm幅
わ
シャツ前身頃
4cm
19cm
短冊
後ろ身頃の印のところにノッチを入れる
シャツ後ろ身頃
カフス
3.5cm
バイアステープ
襟ぐり周囲
＋10cm
230cm

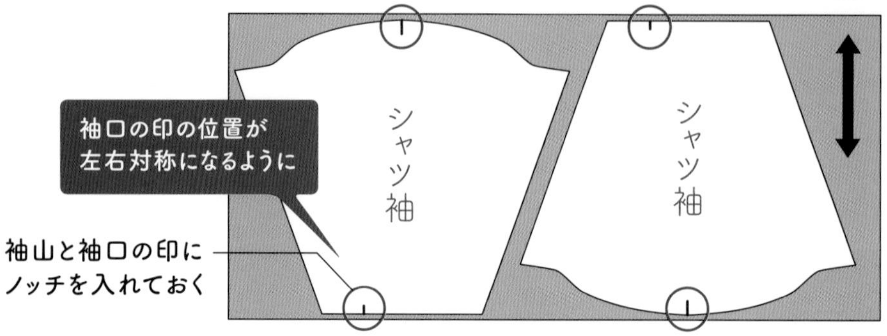

袖口の印の位置が
左右対称になるように
袖山と袖口の印に
ノッチを入れておく
シャツ袖
シャツ袖

身頃を縫い合わせる

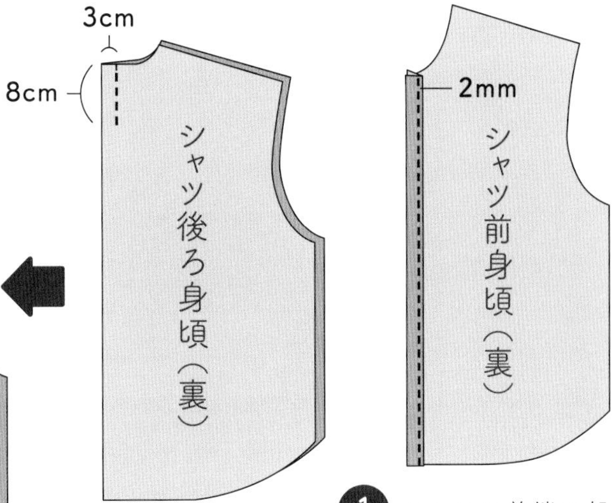

3cm
8cm
シャツ後ろ身頃（裏）
2mm
シャツ前身頃（裏）

❶ シャツの前端の処理をする。シャツのフロント部分を3cm、3cmの三つ折りにして、端から2mmのところを縫う。もう一枚の前身頃も同様に。

❷ 後ろ身頃にタックを作る。後ろ身頃を中表にしてノッチ同士を合わせ、下に8cm縫い合わせる。

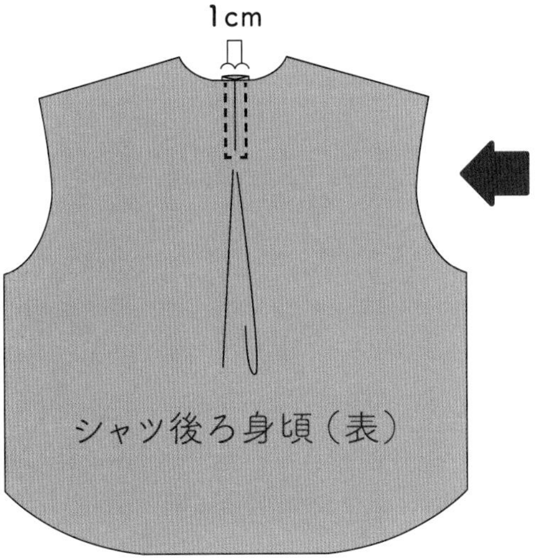

1cm
シャツ後ろ身頃（表）

❸ 縫い代を割って、縫い目から両側1cmのところをぐるりと縫う。

バックスタイルの
アクセントに

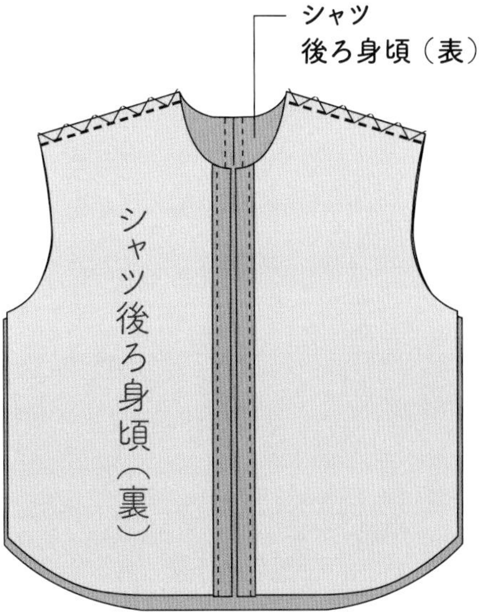

シャツ
後ろ身頃（表）
シャツ後ろ身頃（裏）

❹ 前身頃と後ろ身頃を中表で合わせ、肩を縫い合わせる。縫い代はほつれ止めをする。

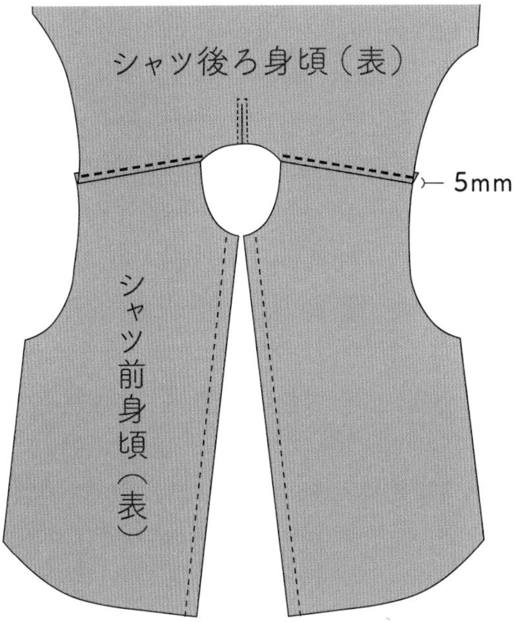

シャツ後ろ身頃（表）
5mm
シャツ前身頃（表）

❺ 縫い代を後ろ身頃側へ倒し、縫い目から5mmのところにステッチをかける。

襟ぐりを処理する

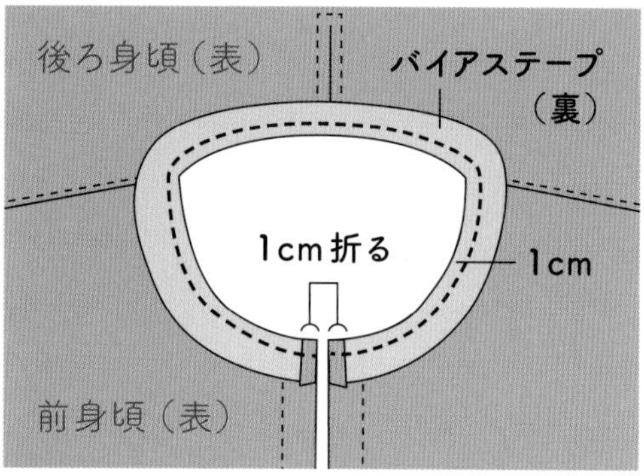

❶ バイアステープの端を1cm折り、中表で襟ぐりに縫いつける。

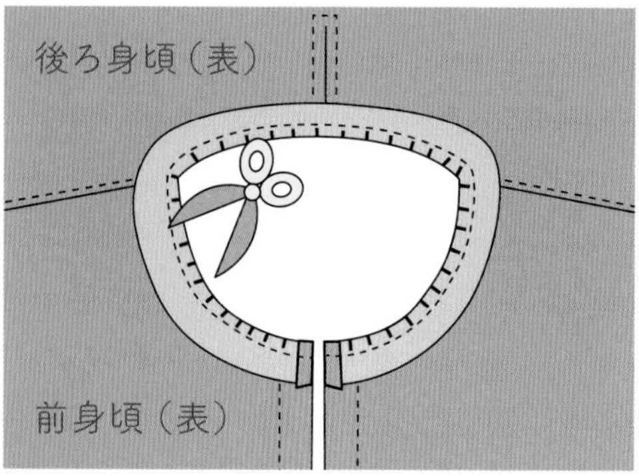

❷ カーブに1~2cm間隔で切り込みを入れる（縫い目を切らないように注意）。

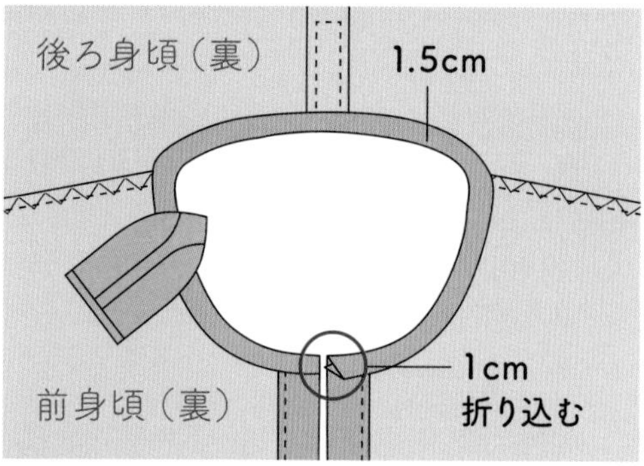

❸ 裏側に折り返し、端を1cm折り込んでアイロンをかける。

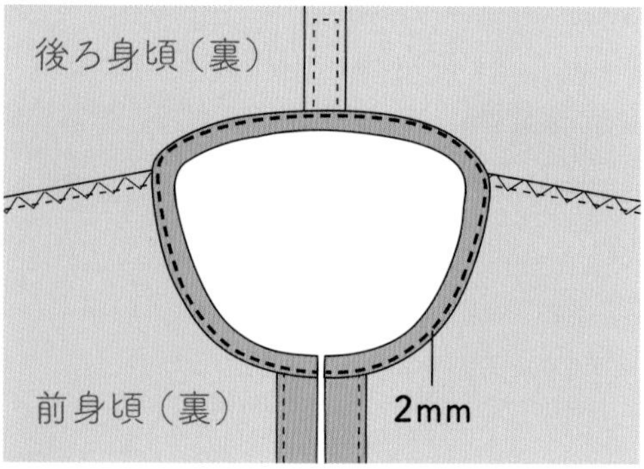

❹ バイアステープの端から2mmのところを縫う。

袖を処理する

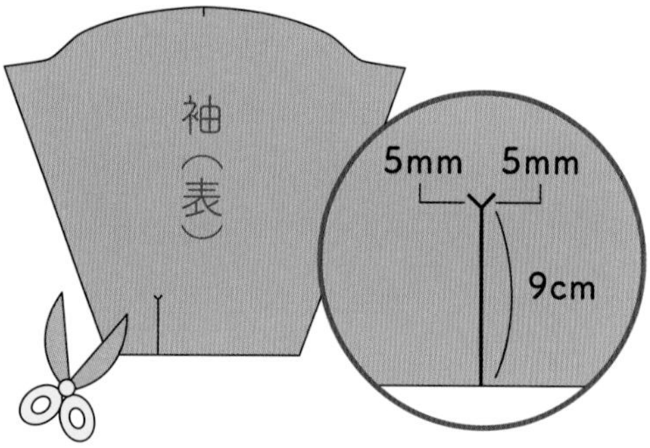

❶ 袖口のノッチから9cm切り込みを入れ、先を5mmずつY字に切る。

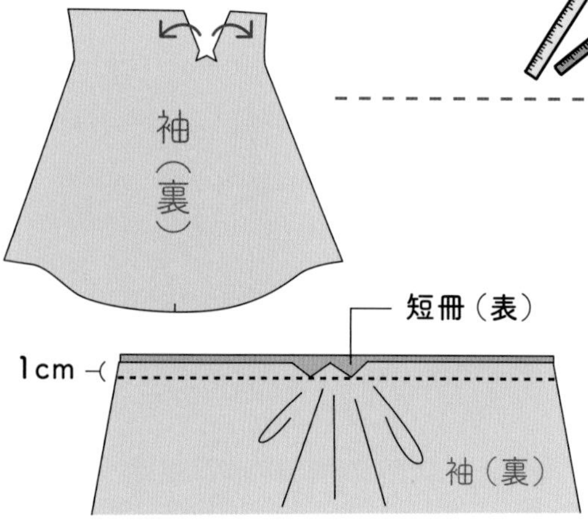

❷ 切り目を開き、短冊を中表で合わせて縫い合わせる。

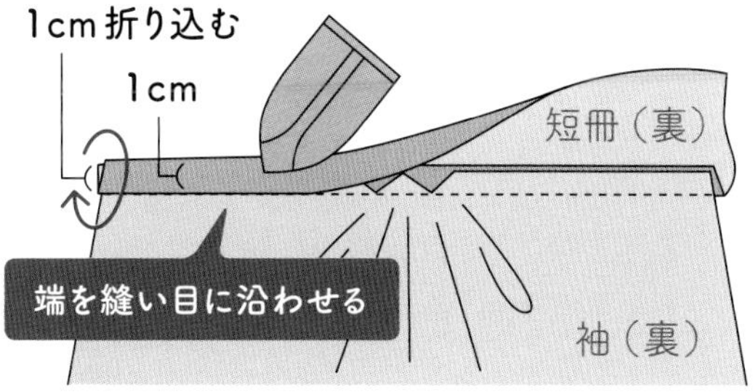

1cm折り込む
1cm
短冊（裏）
端を縫い目に沿わせる
袖（裏）

3 短冊を折り返し、端を1cm折り込んでアイロンをかける（この時、短冊の端を縫い目に沿わせる）。

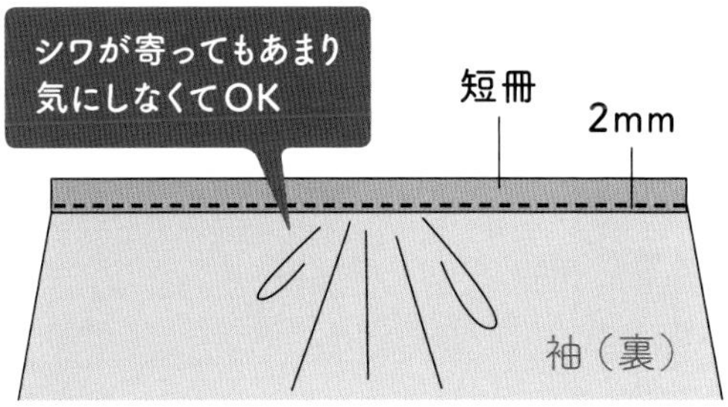

シワが寄ってもあまり気にしなくてOK
短冊
2mm
袖（裏）

4 短冊の端2mmのところを縫う。

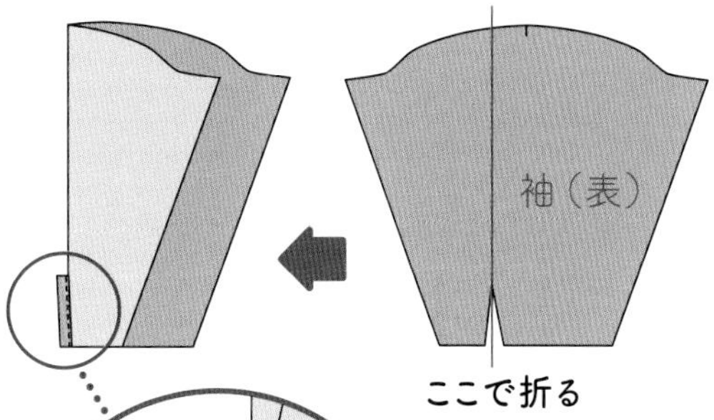

袖（表）
ここで折る

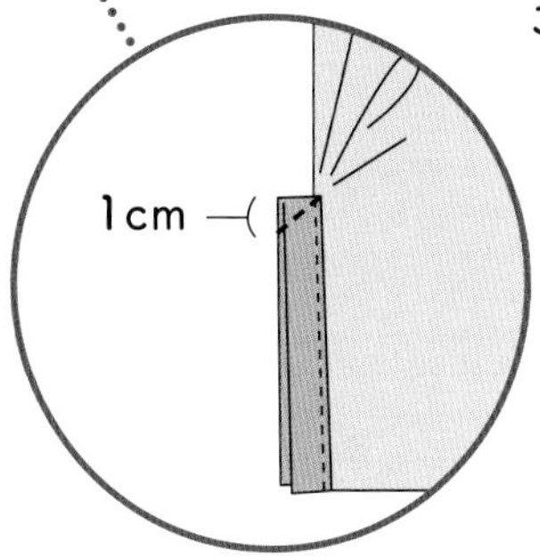

1cm

5 袖を切れ目のラインで中表に折り、短冊の角をななめに縫う。

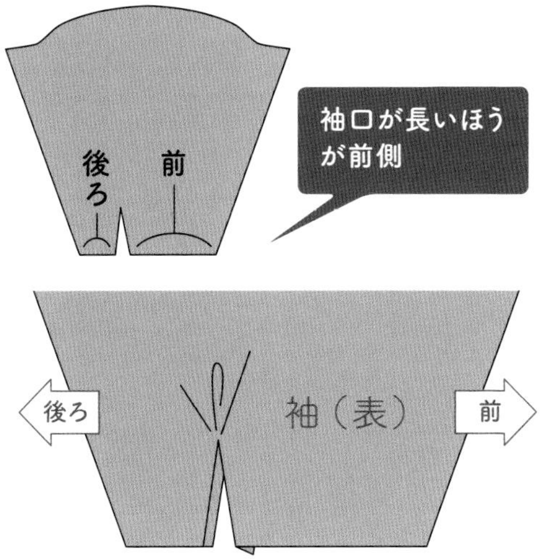

後ろ
前
袖口が長いほうが前側
後ろ
袖（表）
前

6 袖前側の短冊を裏側に畳んでアイロンをかけておく。

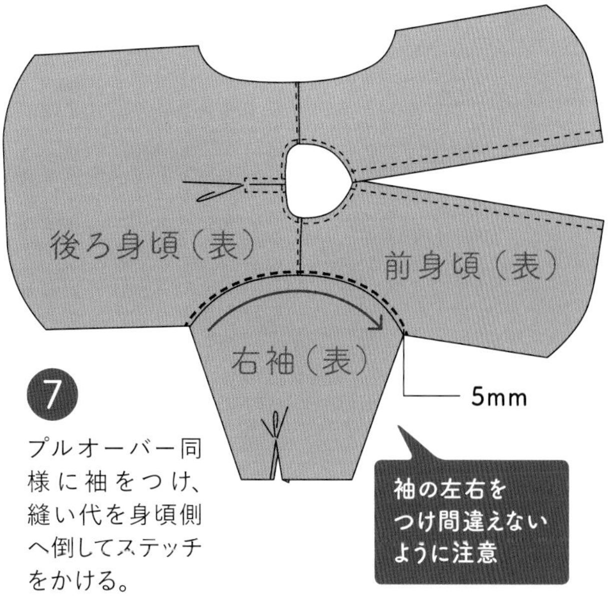

後ろ身頃（表）
前身頃（表）
右袖（表）
5mm
袖の左右をつけ間違えないように注意

7 プルオーバー同様に袖をつけ、縫い代を身頃側へ倒してステッチをかける。

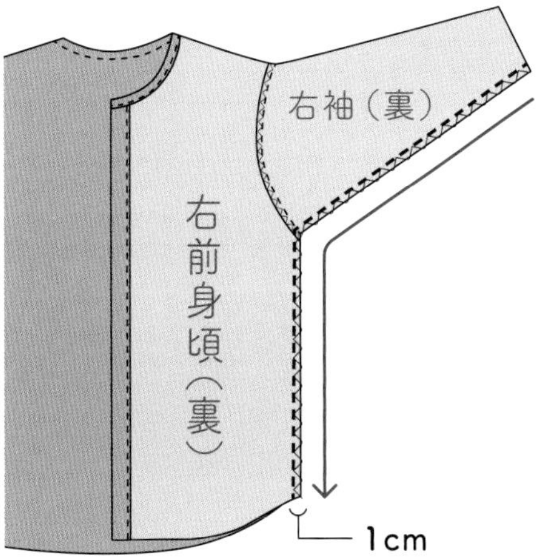

右袖（裏）
右前身頃（裏）
1cm

8 袖から脇を中表で縫い合わせ、ほつれ止めをする。縫い代は後ろ身頃側へ倒してアイロンをかけておく。反対の袖も同様につける。

裾を処理してカフスをつける

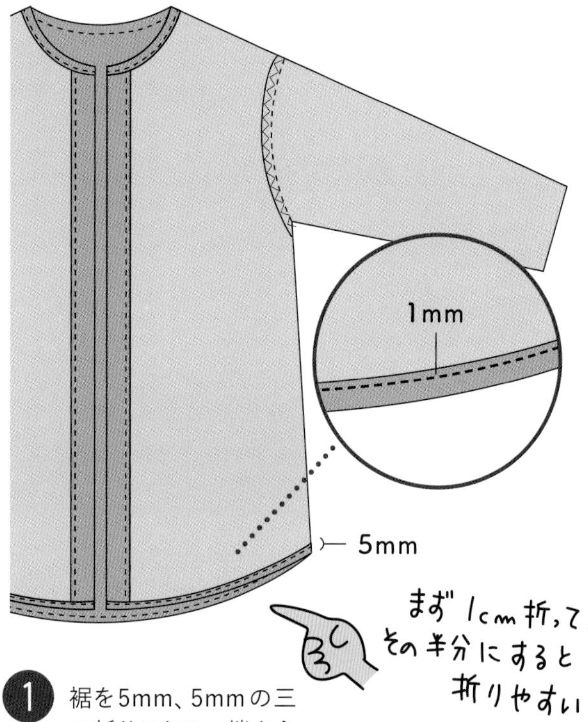
1mm
5mm
まず1cm折って、
その半分にすると
折りやすい

1 裾を5mm、5mmの三つ折りにして、端から1mmのところを縫う。

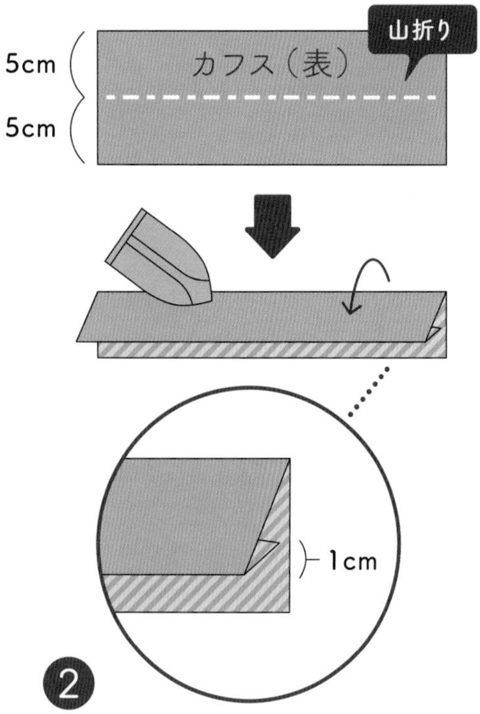
山折り
5cm
カフス（表）
5cm
1cm

2 カフスを半分に折り、片側を1cm折ってアイロンをかけておく。

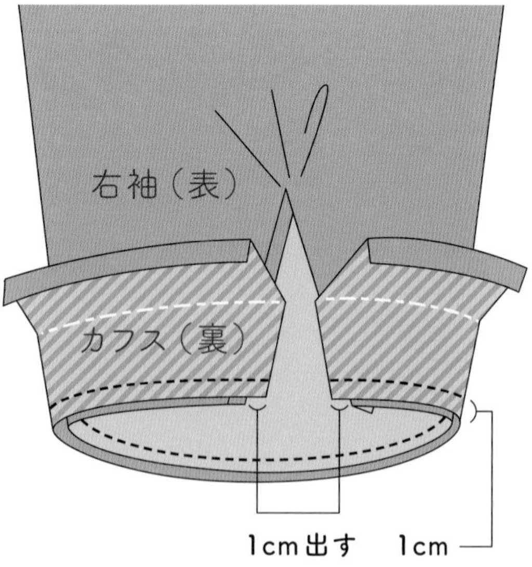
右袖（表）
カフス（裏）
1cm出す
1cm

3 カフス（折っていない側）と袖を中表に合わせ、カフスを端から1cm出して縫う。

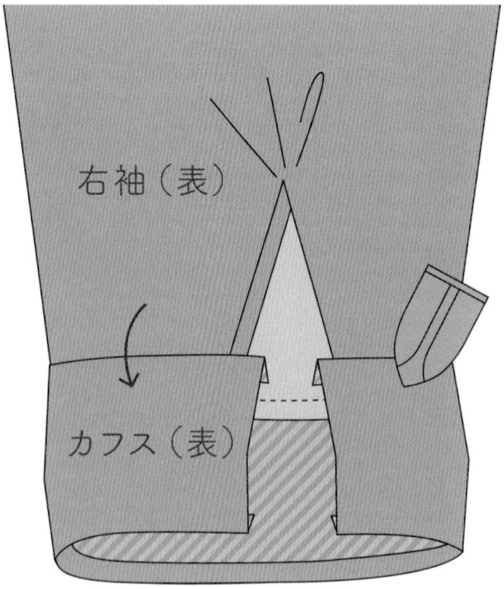
右袖（表）
カフス（表）

4 カフスを表に返し、縫い代をカフス側に倒してアイロンをかける。

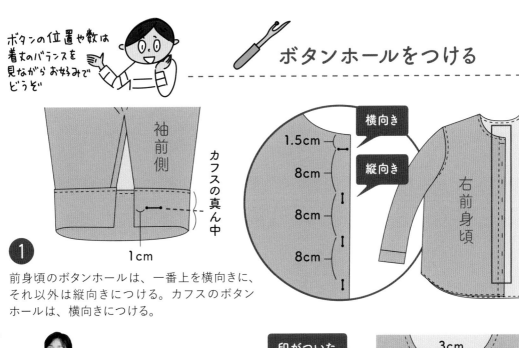

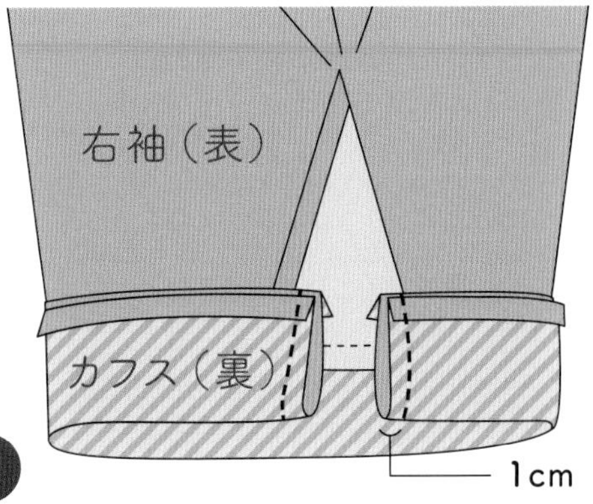

右袖（表）
カフス（裏）
1cm

5

カフスの真ん中の折り目を逆に折り、端から1cmのところを縫う。

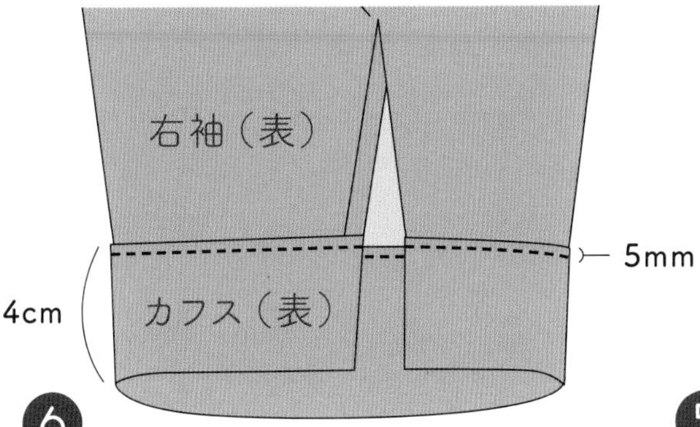

右袖（表）
5mm
4cm
カフス（表）

6

カフスを表に返し、袖とカフスの縫い目から5mm下を縫う。もう片方のカフスも同じようにつける。

ボタンの位置や数は
着丈のバランスを
見ながらお好みで
どうぞ

ボタンホールをつける

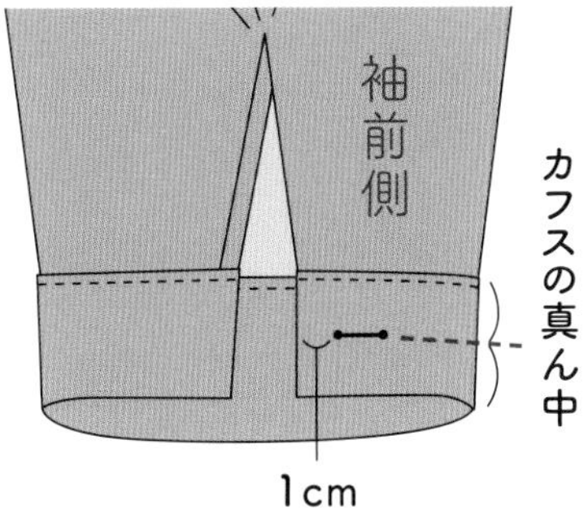

袖前側
カフスの真ん中
1cm

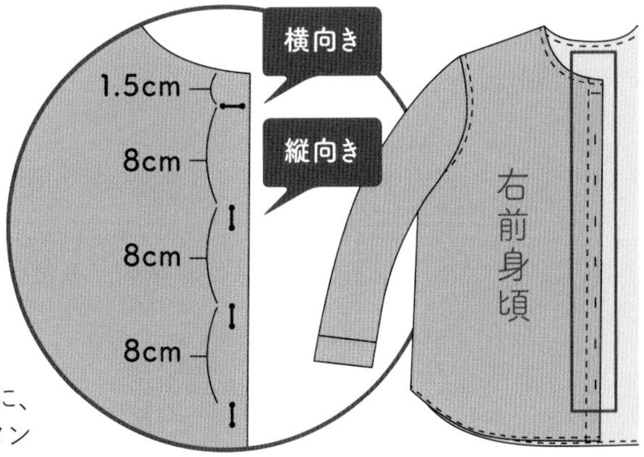

横向き
縦向き
1.5cm
8cm
8cm
8cm
右前身頃

1

前身頃のボタンホールは、一番上を横向きに、それ以外は縦向きにつける。カフスのボタンホールは、横向きにつける。

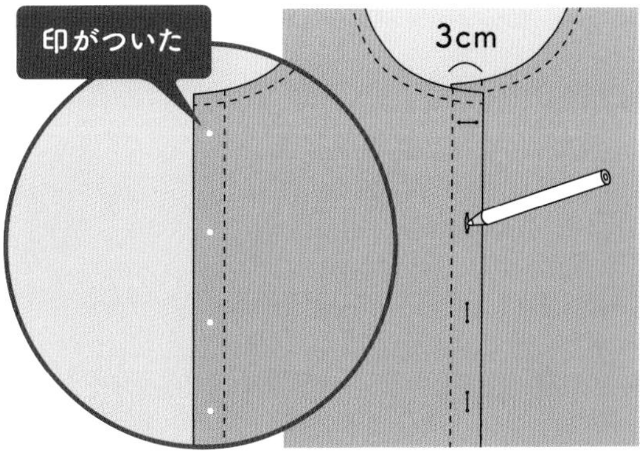

印がついた
3cm

2

ボタンホールを開けたらシャツの前をキチンと合わせてボタンホールの中心にチャコペンで印をつける。印の位置にボタンをつける。

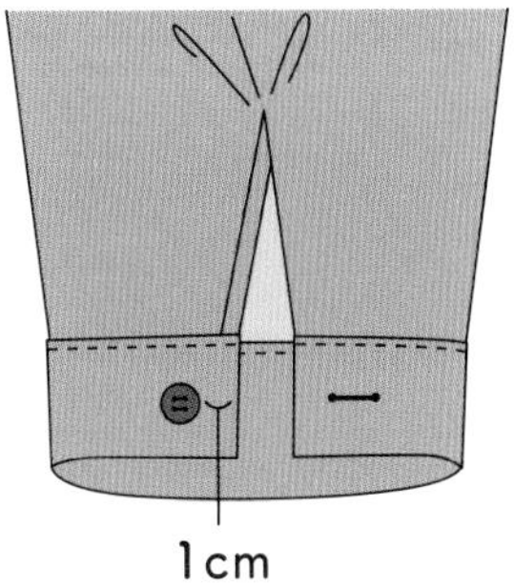

1cm

3

カフスのボタンは、端から1cmのところにつける。

できあがり〜！

Arrangement

いろんな布で作ってみました！

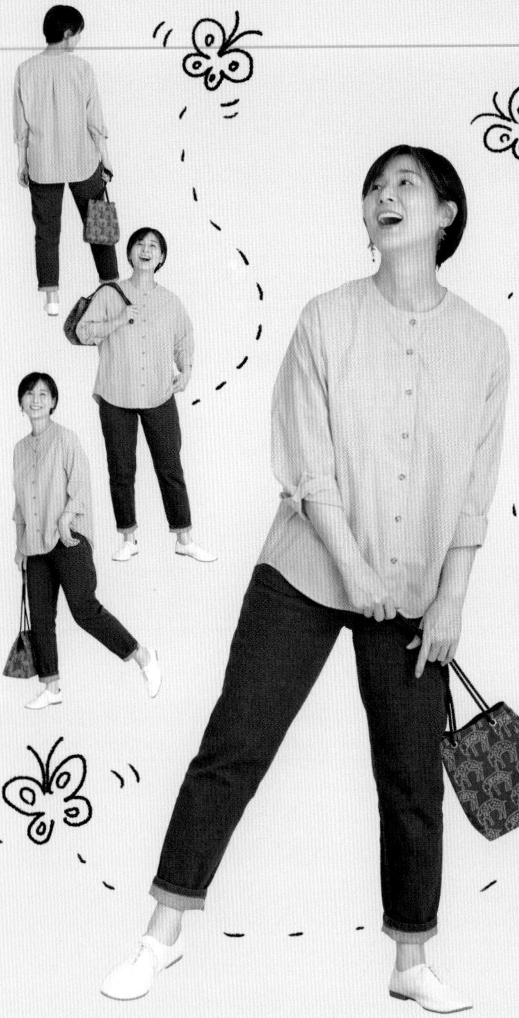

爽やかな
ブルーストライプ

遠目だと水色に見えるけど、細かいブルーのストライプ柄。綿素材。

シンプルなデニムパンツと合わせても、シャツだからだらしなく見えない。これまた手作りのバッグを持って。

ボタンを全部はずして着れば軽い羽織として使える。ボトムスに紺のワイドパンツを持ってきて、春にちょうどいいコーデ。

白のシャツがあれば何も怖くない！

絶対に作っておきたい白シャツ。これは綿・ポリエステル混紡素材。

ポリエステル混紡だと、落ち感が出るしシワになりにくいので、扱いやすい。鮮やかピンクのタックスカートを合わせて。

えーと
あの人誰だっけ

襟をつけるのが面倒という理由で襟なしのデザインになったけど、逆にイメージがカタくなりすぎず使いやすい。

ピンと来た柄があったら シャツにトライ!

やさしい色使いの植物柄。細かい柄なので柄合わせも必要ない。薄手の綿素材。

みんなー 撮るよー

えー まって まって

私も 撮ってまーす

P73のホワイトデニムを合わせた爽やかコーデ。ふんわりした色合いでも、自分サイズだから着ぶくれしない。

細かい花柄だから 柄合わせしなくても 違和感なし!

薄手のやわらかい素材を使っているので、ウエストインしてももたつかない。カフスのおかげで腕まくりもしっかり決まる。

鮮やかな色だけど、麻だから派手すぎない。同系色のアフリカ柄タックスカートを合わせて個性的な着こなし。

カフスなしで 半袖や五分袖に

シャリ感のある発色のいい麻素材。半袖にすればカフスつけの必要なし！

シャツに存在感があるので、ヒッコリーデニムにバサッと羽織ってもサマになる。ボタン次第でイメージが変わったりするので、ボタン選びも楽しみ。

半袖のアレンジは57ページを参照してねー

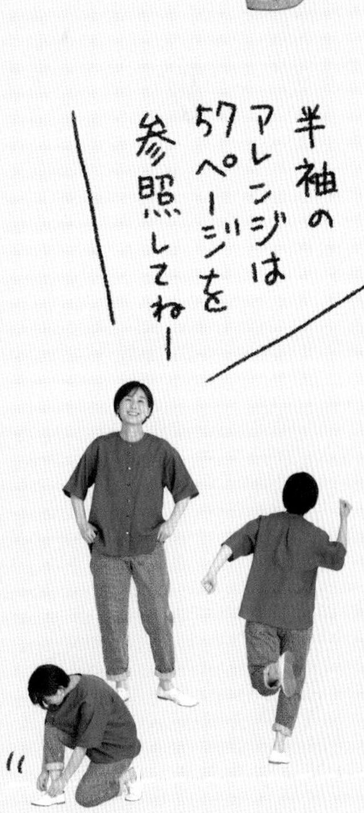

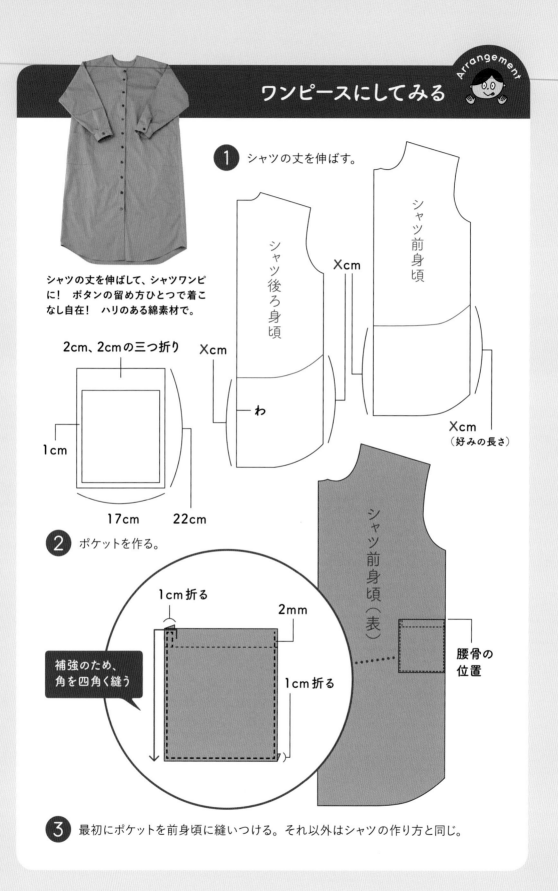

ワンピースにしてみる

Arrangement

シャツの丈を伸ばして、シャツワンピに！　ボタンの留め方ひとつで着こなし自在！　ハリのある綿素材で。

1 シャツの丈を伸ばす。

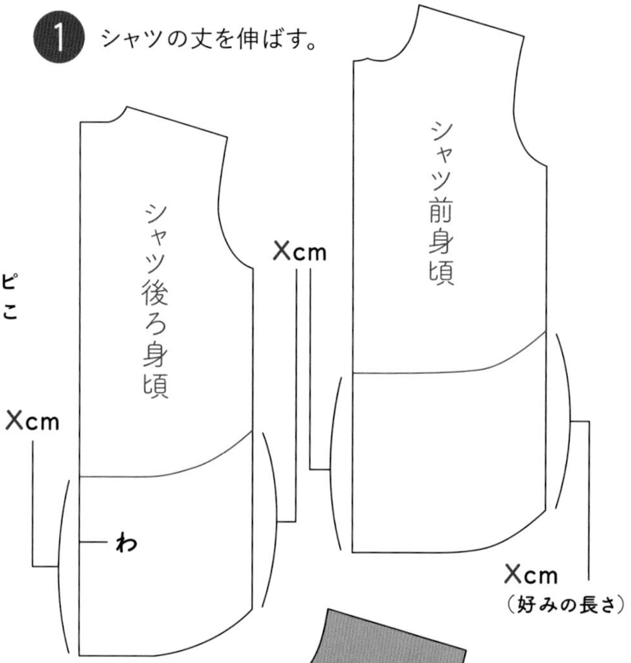
シャツ後ろ身頃
シャツ前身頃
Xcm
Xcm
わ
Xcm
（好みの長さ）

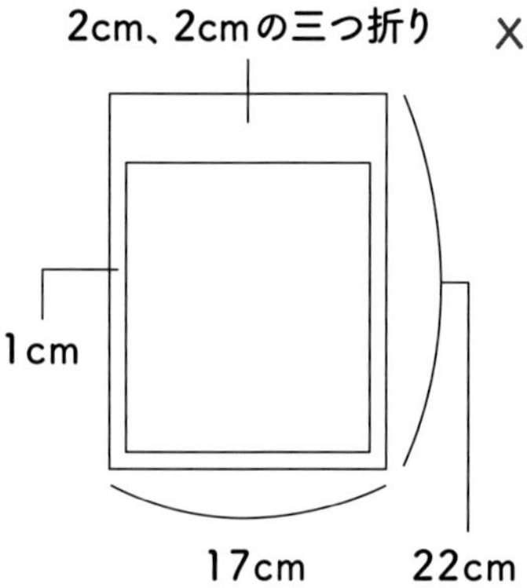
2cm、2cmの三つ折り
1cm
17cm
22cm

2 ポケットを作る。

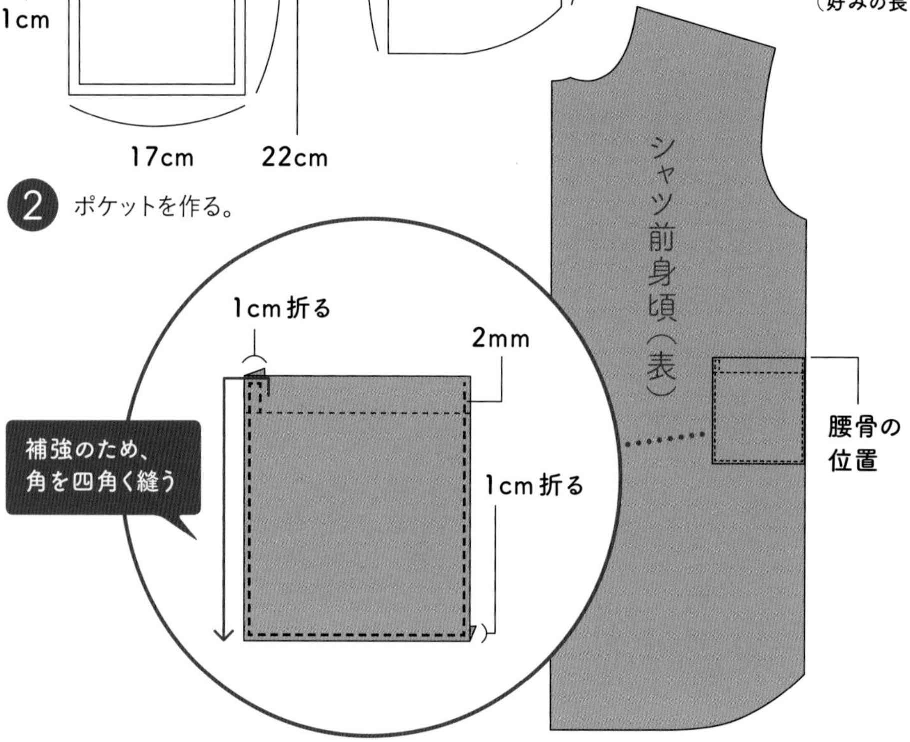
1cm 折る
2mm
補強のため、
角を四角く縫う
1cm 折る
シャツ前身頃（表）
腰骨の
位置

3 最初にポケットを前身頃に縫いつける。それ以外はシャツの作り方と同じ。

ボタンを留めてワンピース風に。存在感のある色なので、このまま1枚で着てもいいけど、P86のテーパードパンツをレイヤード。

ボタンを留めずに羽織として。もともとゆったりめのシルエットにしているから、春夏ならコート代わりに使える。

どうせなら作ってみたい、冬でも着れるアウター

パンパカパーン！

さあ、最後は本書の集大成、袖つけ、前開き、リバーシブル、ボタンつけ、すべてを盛り込んだアウター作りにチャレンジです！

ここまで順番に作ってきたあなたなら、楽勝で作れてしまうこと間違いなし。

1年を通して手作り服で過ごしたい！　と思った私が一番てこずったのはアウターでした。

しかも裏地つきのコートというのは素材も縫い方も、シロウトにはかなり難易度が高いのです。

そこで思いついたのが、リバーシブルの作り方を応用したアウター。

68ページでも触れていますが、あえて裏地用の布を使わないことで、難しい部分をまるっと省いてしまいました。

ツルツルした裏地用の布でなくても、特別滑りが悪いということもなく、むしろ折り返した袖口から見える裏地がアクセントになって、いいことずくめ。

さらには、アレンジで襟までつけてみました。

これで首回りも防寒できますよ！

Point

- **裏地には、キュプラなどのツルツルした素材は使いません**（68ページ参照）。
- **厚地の布を使う時は、針と糸も厚地用を準備。**

Front

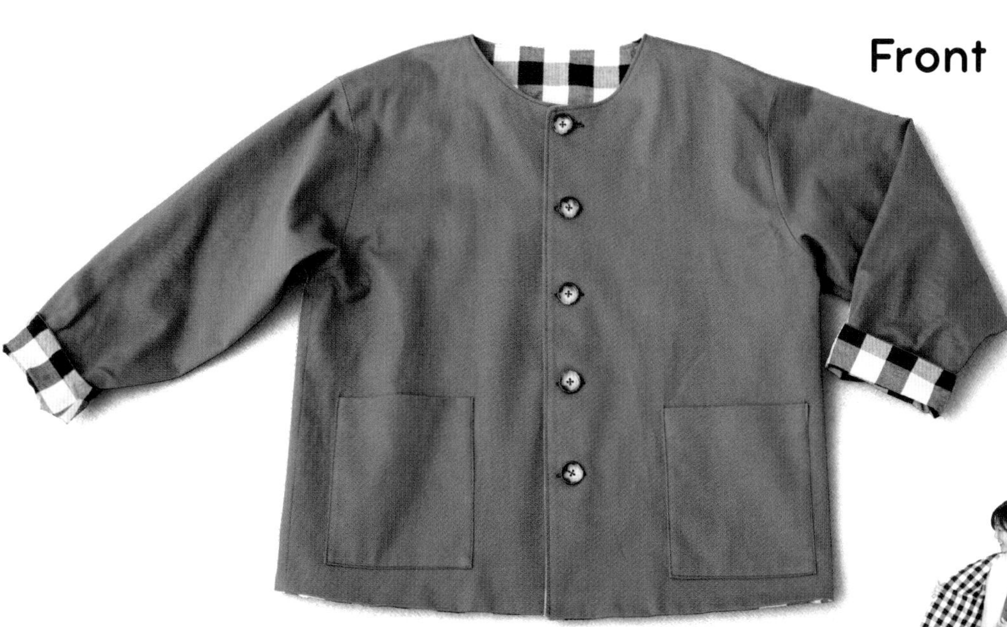

Back

表地のグレーは、綿のカツラギデニム。裏地のチェックは、綿・麻混紡生地。綿や麻は縫いやすいので、最初にトライするならこんな素材で。

必要な布の丈　140cm幅で130cmを2枚（バスト85cm、着丈65cmの場合）

基本のショートコートを作りましょう!

基本のプルオーバー（P40）をもとに型紙を作る

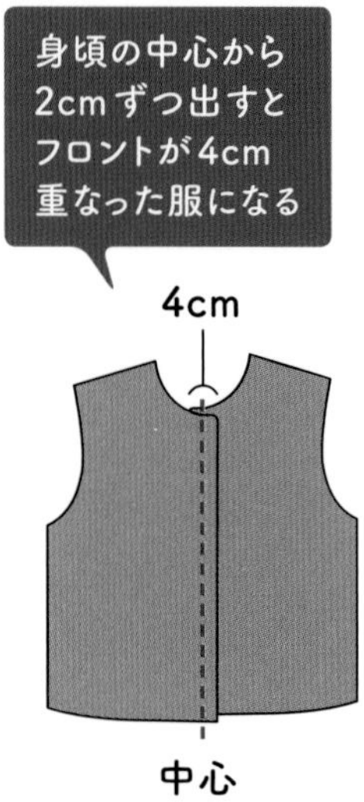
身頃の中心から
2cmずつ出すと
フロントが4cm
重なった服になる
4cm
中心

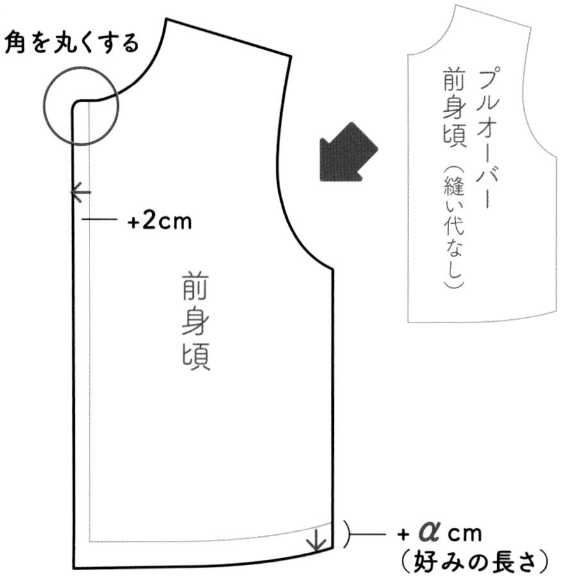
角を丸くする
+2cm
前身頃
+α cm
（好みの長さ）
プルオーバー
前身頃
（縫い代なし）

❶

プルオーバーの前身頃に、フロントの重なり分2cm、裾は好みの長さに伸ばす。

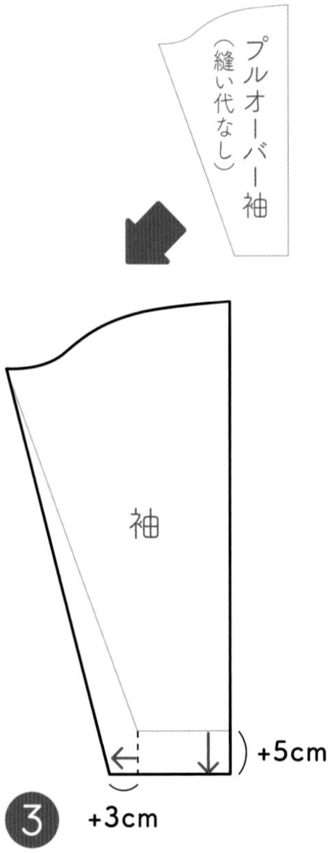
プルオーバー袖
（縫い代なし）
袖
+5cm
+3cm

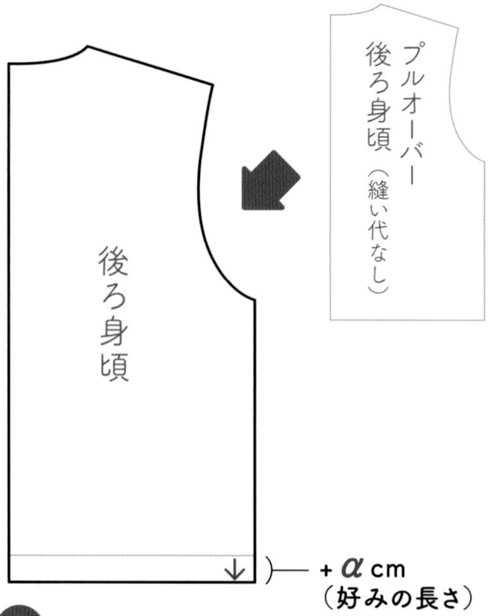
プルオーバー
後ろ身頃
（縫い代なし）
後ろ身頃
+α cm
（好みの長さ）

❸

プルオーバーの袖の長さを5cm、袖口を3cm伸ばす。

❷

プルオーバーの後ろ身頃に、❶と同じ長さ分を伸ばす。

shirt
outer

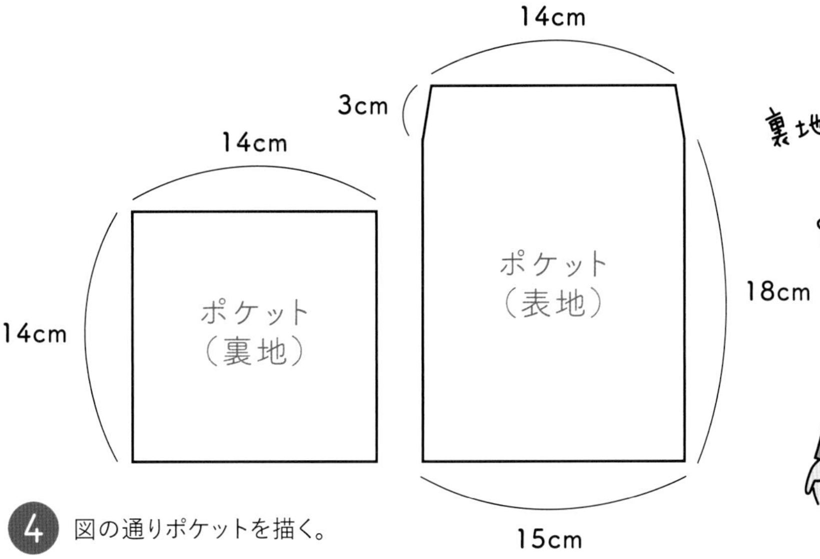
14cm
3cm
14cm
ポケット
（表地）
ポケット
（裏地）
14cm
18cm
15cm

裏地付きポケットに
挑戦！

4 図の通りポケットを描く。

袖山
1cm
1cm
1cm
ポケット
（表地）
ポケット
（裏地）
袖
1cm
1cm
わ
後ろ身頃
前身頃

5 周囲に1cmの縫い代を描く
（わの部分は縫い代不要）。

裁断する

切り出すパーツの数

表地

- □ 前身頃×2
- □ 後ろ身頃×1
- □ 袖×2
- □ ポケット×2

裏地

- □ 前身頃×2
- □ 後ろ身頃×1
- □ 袖×2
- □ ポケット×2

必要なもの

- □ 接着芯　適宜
- □ ボタン（直径2cm~2.5cm）×5

下準備

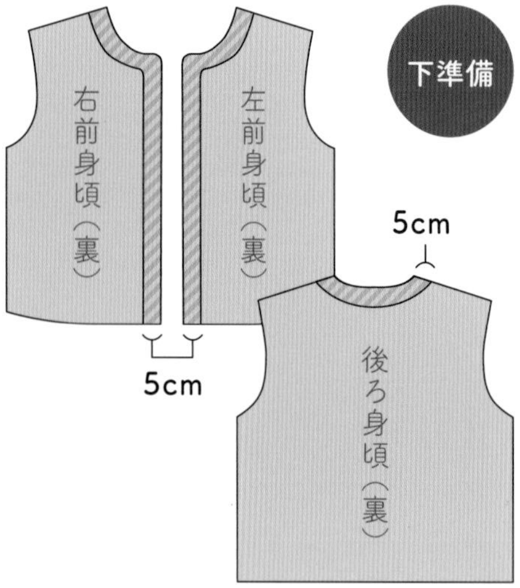

右前身頃（裏）
左前身頃（裏）
5cm
5cm
後ろ身頃（裏）

裏地前身頃の襟ぐり～フロントと、後ろ身頃の襟ぐりに5cm幅で接着芯を貼っておく。

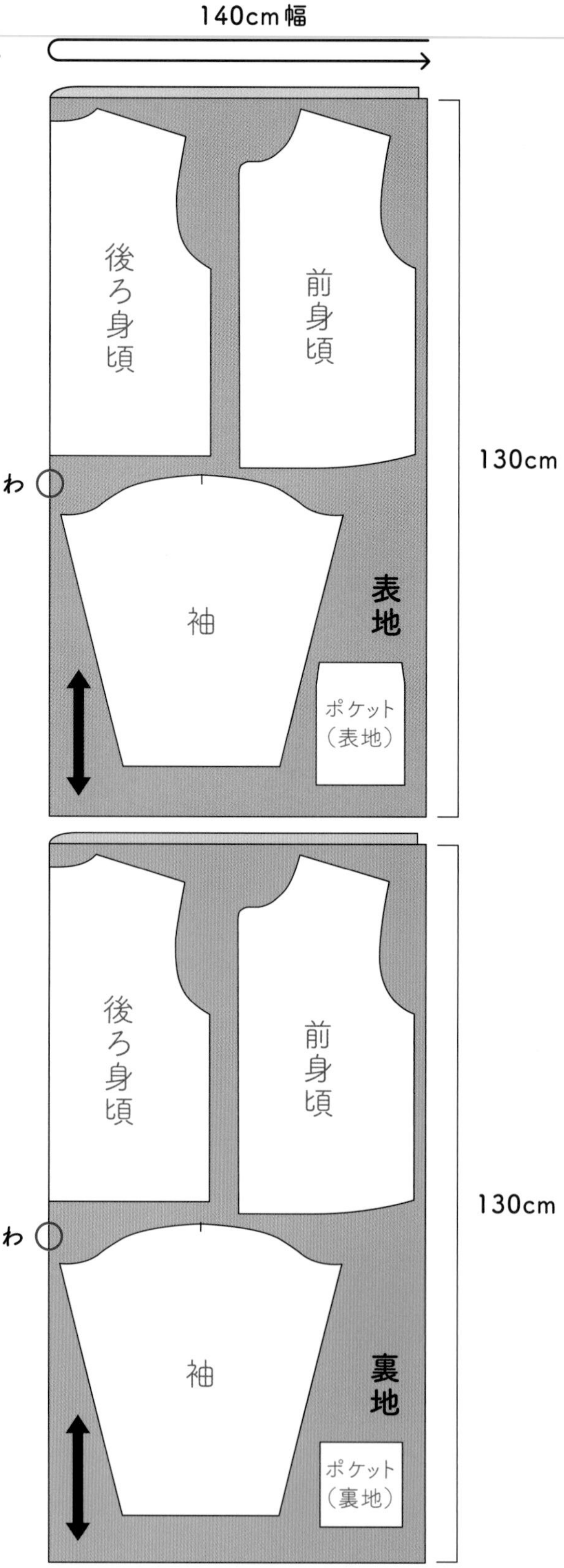

140cm幅
130cm
わ
後ろ身頃
前身頃
袖
表地
ポケット（表地）
130cm
わ
後ろ身頃
前身頃
袖
裏地
ポケット（裏地）

ポケットを作る

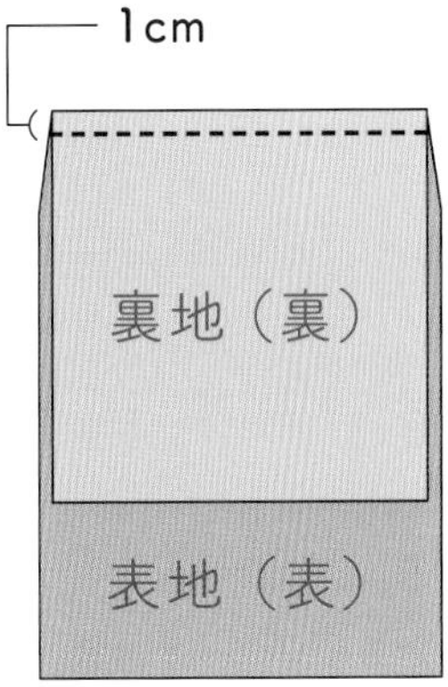
1cm
裏地（裏）
表地（表）

1 ポケットの表地と裏地を中表で縫う。

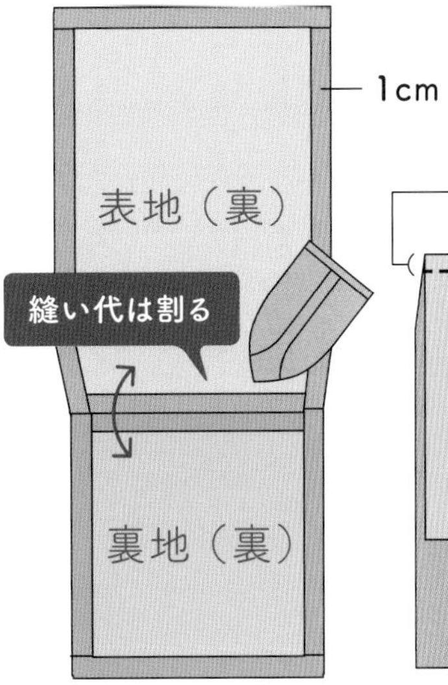
1cm
表地（裏）
縫い代は割る
裏地（裏）

2 周囲の縫い代を折っておく。

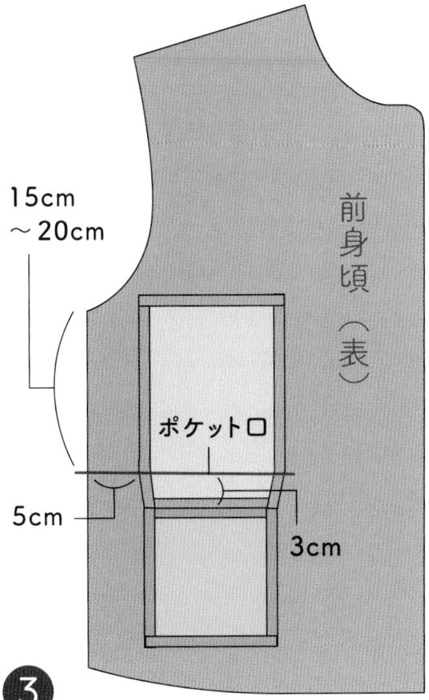
15cm
～20cm
前身頃（表）
ポケット口
5cm
3cm

3 前身頃にポケットを配置する。ポケットの位置は、体格やコートの長さにもよるが、だいたい腰骨のあたりにポケット口がくるように配置する。目安としては、脇の下から15～20cm。

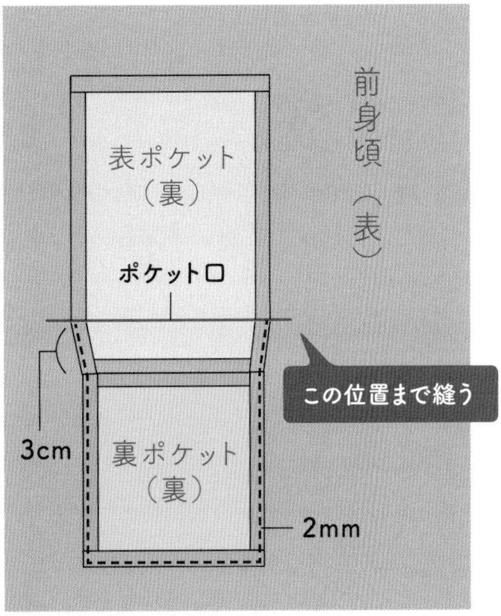
前身頃（表）
表ポケット（裏）
ポケット口
この位置まで縫う
3cm
裏ポケット（裏）
2mm

4 裏ポケットから、ポケット口までを前身頃に縫いつける。返し縫いを念入りにする。

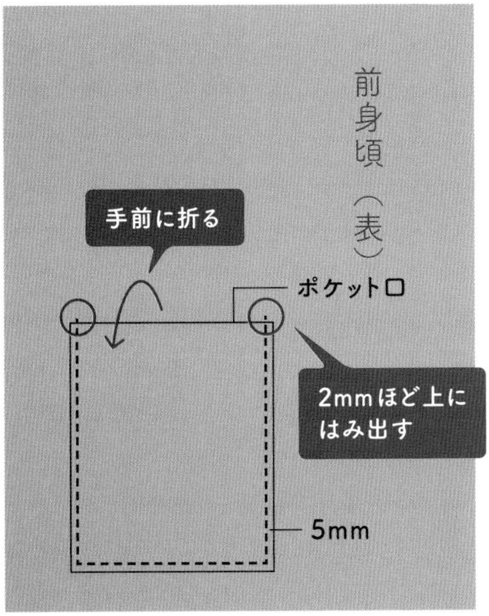
前身頃（表）
手前に折る
ポケット口
2mmほど上に
はみ出す
5mm

5 ポケット口で手前に折り、ポケット周囲に5mmのステッチをかける。ポケット口から上に2mmほどはみ出して、返し縫いを念入りにする。

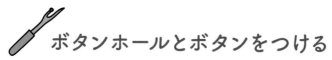

表地と裏地を縫い合わせる

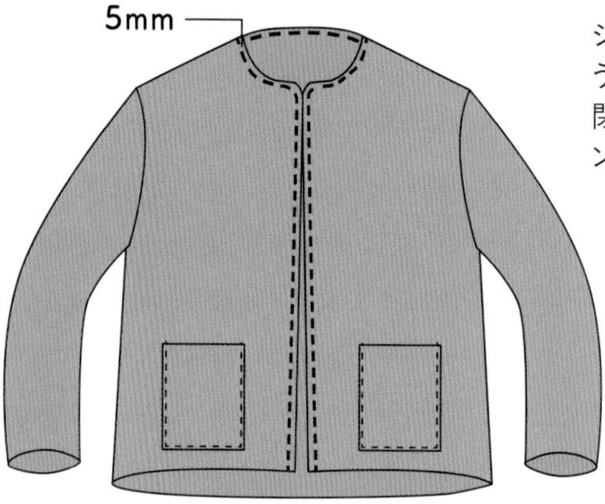
5mm

ショートジャケットの作り方P63〜65と同じように、表地と裏地を縫い合わせる。返し口を閉じてアイロンで形を整えたら、襟ぐり〜フロントに5mmのステッチをかける。

ふんわりした風合いを
残すために裾と袖ぐり
にはステッチなし
お好みでステッチしても
OKよ

ボタンホールとボタンをつける

1 襟ぐりから2cm、端から1cmの場所に、10cm間隔でボタンホールを作る。ボタンホールの位置や数は大体の目安です。ボタンの大きさやコートの長さによってお好みでどうぞ。

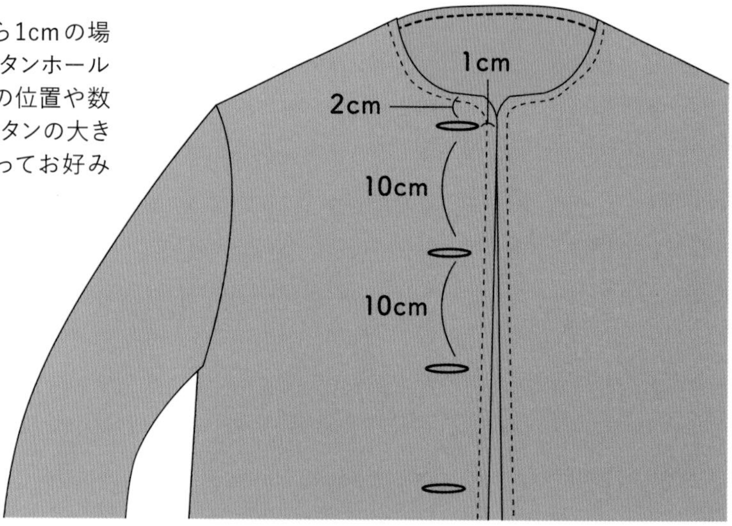
1cm
2cm
10cm
10cm

♪完成でーす♪

2 ボタンホールに合わせてボタンをつける。

Vネックにアレンジ

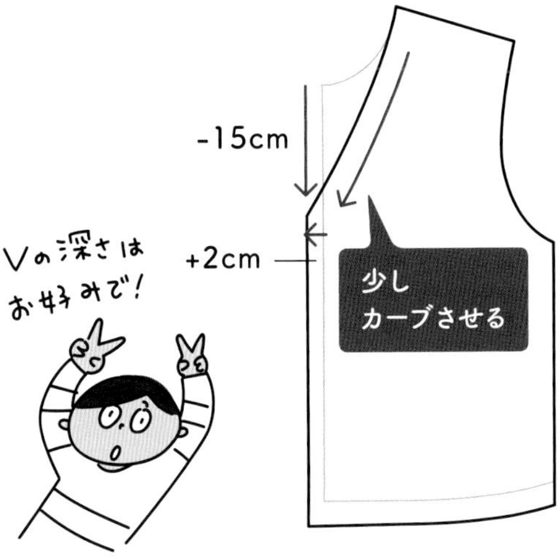
-15cm
+2cm
少し
カーブさせる
Vの深さは
お好みで!

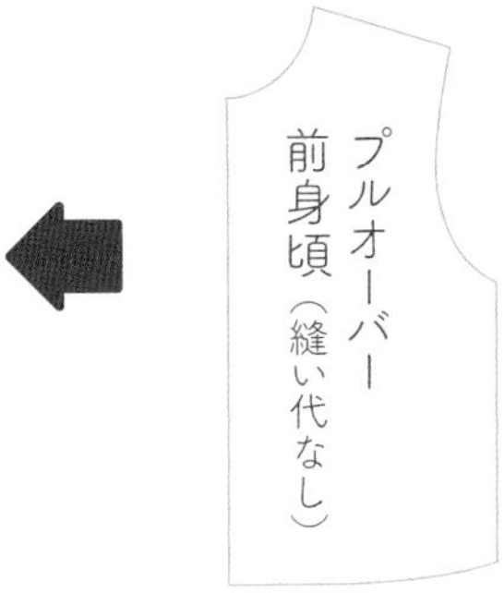
プルオーバー
前身頃（縫い代なし）

フロントの線を15cm下げ、襟ぐりの線につなげて型紙を作る。そのほかの作り方は、同じ。

襟つきにアレンジ

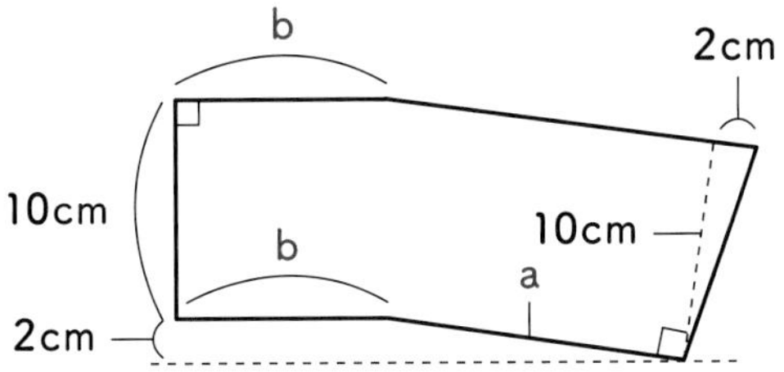
b
2cm
10cm
b
10cm
a
2cm

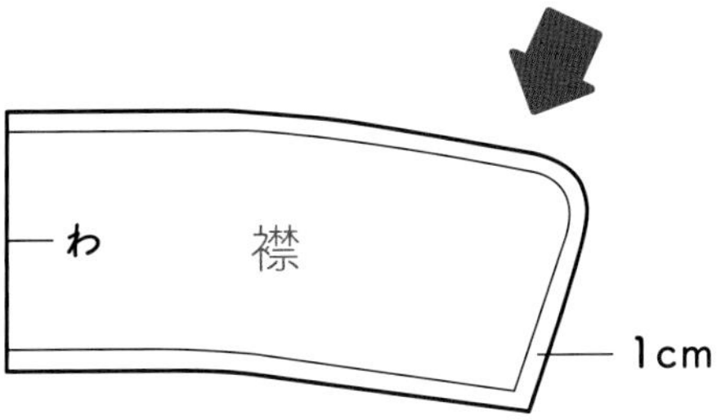
わ
襟
1cm

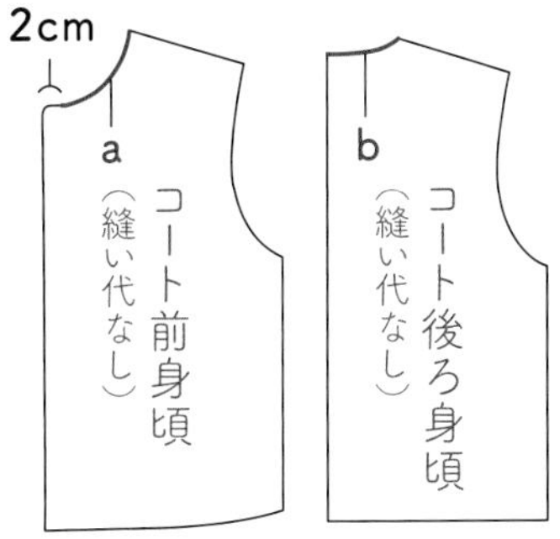
2cm
a
コート前身頃（縫い代なし）
b
コート後ろ身頃（縫い代なし）

1 襟ぐりの長さを測る（前身頃の合わせ部分2cmは含まない）。

2 襟を描き、1cmの縫い代をつけた型紙を作る。

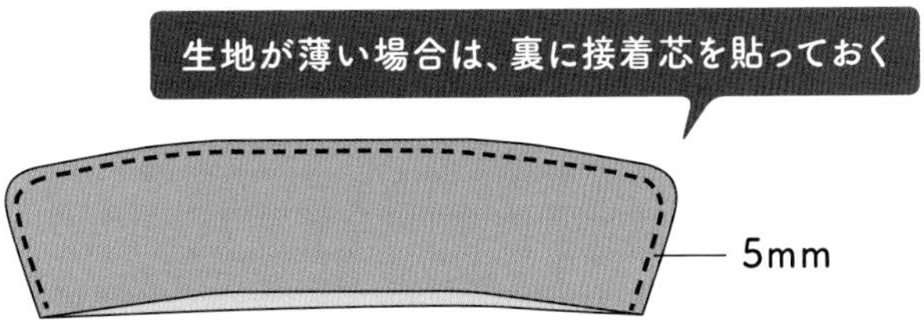
生地が薄い場合は、裏に接着芯を貼っておく
5mm

3 襟を中表で縫い、カーブに切り込みを入れて表に返したら周囲に5mmのステッチをかける。

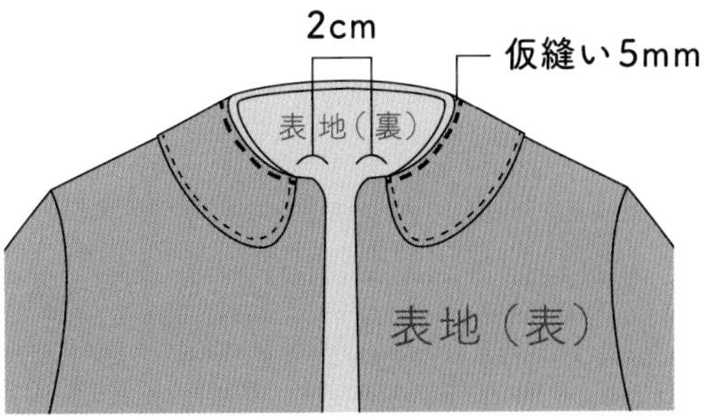
2cm
仮縫い5mm
表地（裏）
表地（表）

4 裏地と縫い合わせる前に、コート表地に襟を仮縫いする。

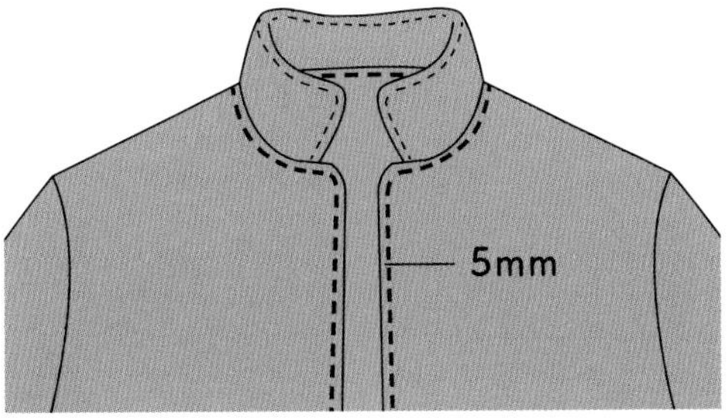
5mm

5 表地と裏地を縫い合わせたら、表に返して形を整え、襟ぐりからフロントに5mmのステッチをかける。

Arrangement

いろんな布で作ってみました！

階段の上
何も
なかったわー

袖を折り返して チェック柄を見せる

前ページの基本形で作ったジャケット。ベーシックな色を選んだので、合わせるものを選ばない。

綿や麻を使っているので、真冬のアウターにはならないけど、秋口くらいなら十分。インナーをベーシックな色にすれば、袖口のチェックが効いてくる。

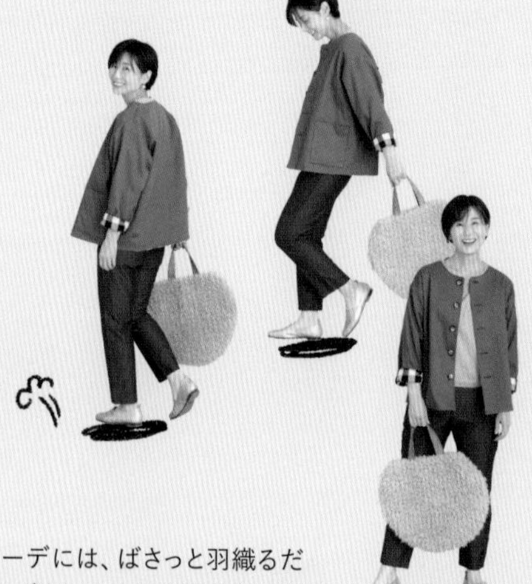

春夏のコーデには、ばさっと羽織るだけでOK。ボタンのついたアウターがあるだけで、手作り感は感じない！

ウール素材を使って秋冬のアウターに

表地は、ウールのカラーブロック（ブロックごとに色が変わる）生地を使用。裏地は紺の綿素材。

まって
ました!

まだかなー
まだかなー

カラーブロックの色が変わるところが袖口に入るように裁断。袖口の黒を効かせているので、黒アイテムと相性がいい。

秋深し…
あら?
迷ったかも?

カラーブロック生地じゃなくても、袖だけ色を変えるなど自由にできるのが手作り服のいいところ。その場合、生地の触感や厚みなどをそろえるように注意して。

Arrangement

襟と丈をアレンジしてみました！

おっと

銀杏
ふまないように

ウール生地を使って冬のコートに挑戦！

表地はベージュのウール素材、裏地のチェックは綿素材。厚手でボタンホールが難しいので、スナップボタンに。

裏地が綿なのでそこまで暖かくはないけれど、中に着るものやストールなどで調節すれば十分冬のコートとして使える！

石焼き
いも〜♪

秋口などまだそんなに寒くない時期には、スナップボタンを留めずに羽織として着ても。裏地のチェックがチラッと見えてポイントに。

こんなきれいな色の生地を使えば、コートが主役になる！　137ページのやり方で襟をつけ、同じ色のボタンをつけたお気に入り！

きれいな色を見つけたら自分だけのコートに！

表地は、ティファニーブルーの厚手メルトンウール生地。裏地は、綿素材を使用。

カジュアルなコーデに羽織るだけでサマになる。インナーに着たシャツ（P125）は襟なしデザインなので、襟つきコートと相性よし！

Q&A

みなさんの

？にお答えします！

Q 布選びで失敗しない方法はありますか？

A 縫いやすく、素材的にも服として失敗が少ないのは、やはり綿だと思います。私の服も、綿がとても多いです。白、黒、ネイビー、ベージュといったベーシック色の無地なら、お手持ちの服に合わせやすいはずです。慣れてきたら、思い切った素材や柄に挑戦してみてください。

Q このレシピで子ども服は作れますか？

A 基本的に大人のサイズ（身長150cmくらい〜175cmくらい）を想定したレシピなので、子ども服にするのは無理があります。子どもの場合、大人とはかなり体のバランスが違うので、各数字を変えたり作り方も変える必要があります。

Q 水通しのもっと簡単な方法はありませんか？

A 生地は歪みやすくなりますが、ネットに入れて洗濯機（ウールコース）で洗ってしまうこともあります。

Q 襟ぐりにシワが寄ってしまいます

A 襟ぐりのカーブが急な所は、バイアステープで処理する時にシワが寄りやすくなります。なるべく緩やかなカーブを描いてみてください。また、縫い代に入れる切り込みを1cm間隔で細かく入れると、シワが寄りにくくなります。

お店紹介

私が普段布などを買っているお店を紹介します。
この本でも、こちらのお店で買ったものをかなり使っています。
オンラインでも買えるので、気になったらチェックしてみて！

ユザワヤ

全国展開の大型手芸店。
布に限らず、洋裁材料全般からミシンまで、ここに来ればなんでも揃います。

オンラインショップ　https://www.yuzawaya.shop/smartphone/
ユザワヤ蒲田店　東京都大田区西蒲田8-23-5　☎03-3734-4141　※全国に70店舗あり

トマト

東京・日暮里のランドマーク的人気店。ありとあらゆる布があります。
メーター100円（税込110円）のビックリ価格は、私の服作りの強い味方。

オンラインショップ　https://www.nippori-tomato.com/onlineshop/
本館　東京都荒川区東日暮里6-44-6　☎03-3805-2366（代表）

要藤商店

ニット生地やウール生地を探す時はここ。
オンラインショップでは、アイテムごとのおすすめ生地を紹介しているので初心者にも買いやすい。

オンラインショップ　https://www.yoto-nippori.shop/
日暮里店舗　東京都荒川区東日暮里5-45-1　☎03-3891-4486

MOMO

大人向けのおしゃれ生地に出会えるお店。
店頭のセール品から掘り出し物を探すのが楽しい！

https://www.instagram.com/momo_fabricstore/
MOMO　荒川区東日暮里5-50-1　月安第一ビル 1F　☎03-3891-3346
AMOTEN　荒川区東日暮里6-57-9　エクセレントビルⅡ

アイリスボタン

国内シェアNo. 1のボタンメーカー。
オンラインショップでは、用途別にカテゴリー分けしてあるので、選びやすい。

オンラインショップ　https://shop.iris.co.jp　**問い合わせ先**　button-info@iris.co.jp
※会員登録による特典あり　※メール便のみ税別1,000円以上のお買い上げで送料無料

Staff

撮影　中島千絵美
デザイン　後藤奈穂
校正　鈴木初江
編集　川上隆子（ワニブックス）

家庭科3だった私が
365日、手作り服で暮らしています。

津田蘭子　著

2021年5月2日　初版発行
2023年10月20日　5版発行

発行者　横内正昭
編集人　青柳有紀
発行所　株式会社ワニブックス
〒150-8482
東京都渋谷区恵比寿4-4-9
えびす大黒ビル
ワニブックスHP　http://www.wani.co.jp/

お問い合わせはメールで受け付けております。
HPより「お問い合わせ」へお進みください。
※内容によりましてはお答えできない場合がございます。

印刷所　株式会社光邦
製本所　ナショナル製本

定価はカバーに表示してあります。
落丁・乱丁の場合は小社管理部宛にお送りください。送料は小社負担でお取り替えいたします。ただし、古書店等で購入したものに関してはお取り替えできません。

ISBN978-4-8470-7048-8